정산종사 수필법문

下

정산종사 수필법문 (下)

박제권

원불교출판사

글머리

원기23년 내 나이 14세 때 일타원 박사시화 대봉도님의 안내로 소태산 대종사님을 뵈옵고 제권(濟權)이란 법명을 받고 전무출신을 서원했습니다.

그러나 "너의 부친이 전문학교에 보내 준다면 마치고 와서 출가하라"는 대종사님의 말씀 받들어 학업 등을 마치고 원기30년 말에야 전무출신의 길을 걷게 되었습니다.

조실로 정산종사님을 찾아 인사 올리니 "그동안 무엇을 배웠느냐" 하시기에 "훈타원(양도신)님께 수심결 10절까지 배웠습니다"라고 말씀드렸더니 "그럼 내일부터는 11절부터 공부하도록 하자" 하시어 그 후 오후로 1시간씩 직접 지도받는 큰 은혜 속에서 공부를 시작했습니다.

유일학림이 개설된 후에는 좌선시간, 야회시간, 예회시간, 정전시간 등에 정산종사님께서 설해 주시는 법문을 받들며 수필하는 것이 생활의 일과가 되었습니다.

한 말씀도 빠트리지 않고 수필하려고 노력했으나 수필 능력이 부족하여 많은 법문을 수필하지 못하였고 수필한 법문도 미진한 점이 있어 아쉬움이 많습니다. 그러나 성현의 법문이기에 나의 주견 없이 그대로 수필하려고 노력했습니다.

수필한 법문들을 서울교당 부교무를 시작으로 부임하는 곳마다 국내면 국내, 해외면 해외로 가지고 다녔습니다. 그렇게 가지고만 다녔지 정리를 못하다가 몇 년 전 나이 80이 넘어서야 원불교대학원대학교에 재학중인 장성각 교무의 도움으로 법문을 다시 모아 정리하였습니다.

정리하는 과정에서 수필법문 노트를 보며 구술하면서 새롭게 정산종사님을 모실 수 있었고, 알뜰하게 내려 주신 법문 한 구절 한 구절이 나로 하여금 금생뿐만 아니라 영생의 공부길을 열어 주셨음에 다시 한 번 감사를 올렸습니다.

하마터면 큰 은혜를 입고도 정산종사님의 수필법문 노트를 정리하지 못하고 떠나는 것이 아닌가 생각하던 차에 1차 정리하였던 것을 서문 성 교무의 수고로 다시금 다듬고 추가할 부분은 추가하여 책으로 엮으면서 수 차례 보고 또 보았습니다.

그러나 교단의 공식적인 교서가 아닌 개인의 수필 법문집이기에 중복되는 부분이나 부족한 부분이 있어도 수필 그대로 두었습니다.

정산종사님의 한량없는 은혜를 받고 살아온 지금 조금이나마 보은한 것 같아 한편으로 기쁩니다.

끝으로 정산종사님의 은혜에 다시금 감사 올리며 이 책이 나오기까지 수고해준 서문 성 교무와 원불교출판사에 감사를 드립니다.

수도원에서 박제권 합장

목 차

제1편 원기37년 법문1

제2편 원기37년도 법문2

제3편 원기38년도 법문

제4편 원기39년~41년도 법문

제5편 원기40~41년도 법문

제6편 연도미상 법문 1

제7편 연도미상 법문2

제1편

원기37년도 법문

부득이한 살생에 대해서도
어쩔 수 없는 마음으로 하라.
대중과 더불어 합세하여 살생하게 되면
상대편에 합세한 과보도 받고,
개인 과보도 받게 되기 때문에
두 가지 인과가 있다.
어쩔 수 없는 살생은
한 가지 인과가 있을 따름이다.

1. 신년 벽두에

정산종사 신년 벽두에 말씀하시기를 "이 천지의 이치를 생각할 때에 형상 있는 것이 어디에서 왔느냐 하면 없는 데에서 나온 것이며, 또 있는 것이 어디로 돌아가느냐 하면 없는 데로 돌아간다. 사람으로 말하면 마음은 형상이 없는 것이요, 육신은 형상이 있는 것이다. 마음이 육신을 지배하고 있다.

세상 사람들을 볼 때에 형상 있는 데에만 공을 들이고 형상 없는 데에는 참다운 공을 들일 줄을 모르나니, 어찌 허망한 일이 아니리요. 형상 있는 데에만 공을 들이고 그쳐 버린다면 필경은 허망한 곳으로 빠져 버리고 만다. 사람이 만일 형상 있는 데에 들이는 공을 형상 없는 마음에 반만이라도 들인다면 훌륭한 공부가 될 것이다. 밥은 하루를 굶어도 배고픈 줄 알고 못 살겠다고 야단이나, 형상 없는 마음공부는 하루를 굶어도 그만 이틀을 굶어도 그만이다. 고로 형상 없는 마음에 공을 들이면 형상 있는 것이 모두 여기에 따를 것이며, 싹이 틀 것이요, 재물도 나올 것이다.

만일 공부하고 있는 여러분이 하루 밥 굶는 것을 애달프게 여기는 것과 같이 거르지 않고 마음공부에 부지런히 전력한다면 그래도 부처의 지경에 미달할 것인가?

사람들은 혹 이렇게 시끄러운 세상에서는 꾀가 많고 어떤 수단으로든지 남을 속여먹어야 잘 산다고 흔히 말한다. 그러나 이러한 세상일수록 더 진실하고 신용있고 얌전한 사람이라야 잘 사는 것이다. 이 세상 사람들은 우주의 진리 가운데 살고 있는지라 진리가 엄연하여 호리불차(毫釐不差)하는 것이다. 여러 가지 권모술수로 당장은 잘 살아도 며칠 안 가서 곧 드러나고 죄인이 되지 않는가? 그러므로 우리는 항상 이러한 혼란기일수록 진실한 사람이라야 복받을 것이다. 우리는 이 이치를 알아 언제나 복받는 근본을 추구해 나가자.

달도 보름달은 일그러지기 마련이며 꽃도 만개한 꽃은 곧 시들어진다. 그와 같이 이 세상을 살아갈 때에 다 핀 꽃이나 보름달은 되지 말라. 타인과 상대할 때에도 내가 다 이겨 버리려 하지 말라. 마음이 아주 시원하도록 다 이겨 버리면 그 뒤는 더 볼 것이 없으며 여유 있는 행은 아니다. 장사도 또한 그렇다. 어떻게 하든지 자기에게는 해가 없도록 혼자만 이익을 취해 버릴 것이 아니라, 자기에게는 다소간의 손해가 있더라도 타인에게 후하게 여유를 주는 그러한 장사를 하여야 한다. 또한 복을 짓더라도 상을 내거나 그보다도 많은 대가(代價)를 받아버리면 그 뒤에는 복이 남지 않을 것이다. 또한 내가 그만한 일을 하였으나 다른 사람이 나를 대우하지 않는다 해도 원망하지 말고 복을 짓되 음덕(陰德)을 많이 쌓으라. 음덕이 가장 큰 것이며, 남이 복 지음을 몰라주어도 지은 복 즉, 음덕은 날로 달로 길어나서 몇 배나 더한 복을 받게 된다. 돈도 적금을 하여 두면 시일이 오래될수록 이자가 많아지는 것과 같이 자기가 지은 복도 모르는 가운데 그 복전이 더 커지는 것이며, 남이 모르는 복에도 자연히 진리의 싹이 터서 큰 복을 받게 되는 것이다. 고로 다 핀 꽃은 일그러지는 이치와 덜 핀 꽃은 앞으로 더 피게 될 이치를 항상 생각하라.

큰 공(功)을 바라거든 먼저 작은 데에서부터 공(功)을 들이라. 내가 조금 부족한 자리, 당장에는 고생된 자리에 있어야 앞으로 펴일 날이 있고 앞으로 만족을 가져오게 하는 근원이 된다. 현재 좋은 자리 가득 찬 자리에 있으면 앞으로 부족을 가져온다.

옥추경(玉樞經)에 '천강성(天江星)이란 별은 흉방(凶方)에 있으나 그 가리키는 곳(光明)은 길방(吉方)이라' 고 쓰여 있는데 이것은 곧 부족한 자리에 있어야 장차 잘 될 수 있음을 말한 것이다.

결론적으로 우리는 첫째, 형상 있는 것보다 형상 없는 마음공부를 잘 할 것이니, 이것이 큰 공부인 줄을 알아야 한다. 둘째, 우리는 항상 좀 부족한 자리에 있어서 늘 겸손한 것을 위주하며 모든 일을 이해타산으로 하지 말고 여유 있는 처사를 하여야 할 것이다."

(원기37년 1월 1일)

2. 출세간 예법 혁신

정산종사 동선(冬禪)중에 말씀하시기를 "대종사님께서는 형식불공을 사실불공으로 초세간적 예법을 대중적 예법으로 번잡한 예법을 실질적 예법으로 낭비(浪費)가 많은 예법을 시대적 예법으로 혁신하셨다.

내수외응(內修外應) 즉, 외경이 나타나기 이전에 마음을 챙기라. 예의 근본이 되는 마음인 공경, 겸양, 무계교심이 되도록 공을 들여야 일을 당하여 응용접물(應用接物)할 때 실수를 아니 한다. 차별 없는 가운데 차별을 내라. 근본적으로 천하다, 미웁다, 짐승이다 하는 등의 차별이 근본자리에는 없는 줄을 알아 일체 평등한 심리(心理)로 차별을 하라. 그리하고 보면 정당한 차별이 된다."

(원기37년 1월)

3. 가리면 어두워진다

정산종사 동선 중에 말씀하시기를 "새벽에 하늘 쪽은 밝고 땅 쪽은 어둡다. 그것은 하늘 쪽은 가린 것이 없고 땅 쪽은 가린 것이 많기 때문이다. 그와 같이 우리의 마음도 비우지를 못하면 밝지 못한다. 아상(我相)·인상(人相)·원근친소(遠近親疎)·원망(怨望)·증애(憎愛)·오욕(五慾) 등에 가리면 어두워진다. 태양이 아무리 밝다 해도 항아리 속은 밝게 하지 못하듯이, 우리의 마음도 여러 가지가 가리면 어두워진다.

일월은 허공을 통하여 밝게 비치는 것이요, 인과는 공(空)한 진리를 통하여 소소영령한 것이다. 공한 진리는 원근친소와 희로애락이 없기 때문에 오직 공정하게 인과를 나타낸다. 지극히 공(空)할수록 밝은 것이요, 지극히 밝기 때문에 영(靈)이 통하게 된다. 그러므로 치우치지 않는 마음으로 처사하고 말하라. 그리하면 공정하게 처사가 된다. 앞으로는 거짓 없고 진실하고 참되고 공심 있고 신심이 있는 사람이 되라고 알려 준다. 알려 주어도 실행도 아니 하다가 깨치지도 못한 채 죽는다면 죽은 귀신도 원통하기 짝이 없을 것이다."

(원기37년)

4. 일상수행의 요법

정산종사 동선 중에 말씀하시기를 "일상수행의 요법 5조인 '원망생활을 감사생활로 돌리자'를 통하여 상견(常見) 자기과(自己過)하고 불견(不見) 타인과(他人過)하라.

6조인 '타력생활을 자력생활로 돌리자'를 통하여 게으른 병을 없애고 용맹심을 가지라.

7조인 '배울 줄 모르는 사람을 잘 배우는 사람으로 돌리자'를 통하여 향상심을 내라.

8조인 '가르칠 줄 모르는 사람을 잘 가르치는 사람으로 돌리자'를 통하여 자타의 국한을 벗어나라. 사람의 지혜란 단련할수록 지혜가 밝아지므로 가르치는 것이 배우는 것이다.

9조인 '공익심 없는 사람을 공익심 있는 사람으로 돌리자'를 통하여 공익심 없는 원인을 알라.

지금은 내 말이 부황한 말 같으나 앞으로 우리나라의 발전 경로를 보라. 과거에는 보통학교를 나온 학생도 굉장한 대우를 받았다. 그것은 교육 받은 사람이 희소하였기 때문이다. 다음으로 중학생이, 또 다음으로 대학생이 사회에서 많이 쓰이게 되어가니 점점 대학생이 많아졌다. 이렇듯 언제든지 귀한 사람이 요긴하게 쓰이는 것이다.

그러나 지금은 아무리 대학생일지라도 공심(公心) 없고 착하지 못하고 진실하지 못한 사람이라면 사회의 좀밖에 되지 않는다. 앞으로는 오직 착실하고 진실한 사람이어야 귀한 사람이 된다. 앞으로 시대는 이런 사람을 숭배하는 세상이 돌아온다. 앞으로는 진실하면 진실할수록 대우를 받고 드러나게 되고 반대로 공심(公心) 없는 사람은 서지 못하게 된다.

지금은 애국지사만 숭배하나, 앞으로는 면의 역사나 군의 역사나 간에 물질로나 도덕으로나 기술로나 공익사업을 한 사람이 숭배되고 역사에 실리게 되며 출세하는 밑천이 된다. 요즘은 권모술수가 성행하여 죄인도 혹 훈장을 받게 되는 일도 있는데 그것은 말법시대라 그러한 현상이 나타난다.

지금은 양기시생(陽氣始生)으로 아직 양기가 미약하여 음기가 주장이 되어 더욱 추워졌으나, 입춘이 지나면 추위가 가시고 경칩 때에는 완연히 따스해지는 것과 같은 시점이다. 앞으로는 선천의 정신을 가지고 있는 자는 고목과 같이 되어 무용지물이 된다. 후천의 정신 즉, 새 기운을 받는 사람이 되고 보면 영원히 안락한 행복을 누리게 된다."

(원기37년)

5. 견성삼단

정산종사 동선 중에 견성삼단(見性三段)에 대해서 말씀하시기를 "첫째, 각어(覺於) 만법귀일(萬法歸一)이라, 만법이 하나로 돌아가는 것이며,

둘째, 각어(覺於) 유무구공(有無俱空)이라, 있고 없음이 함께 빈자리를 깨치는 것이며,

셋째, 각어(覺於) 능유능무(能有能無)라, 있고 없음이 두루 갖춘 자리를 깨치는 것이다." (원기 37년)

6. 수행삼단

정산종사 동선 중에 수행삼단(修行三段)에 대하여 말씀하시기를 "첫째, 수어(修於) 선악분별(善惡分別)이라, 선과 악을 분간하는 것이며, 둘째, 수어(修於) 선악구공(善惡俱空) 이라, 선과 악을 포용하는 것이며, 셋째, 수어(修於) 능선능악(能善能惡)이라, 선과 악을 능히 제도하는 것이다." (원기37년)

7. 해인(海印)

정산종사 동선 중에 해인(海印)에 대하여 말씀하시기를 "바다 해(海)란 낱이 없는 것을 비유한 것이다. 자타(自他)가 공(空)하고 제법(諸法)이 개공(皆空)하고 둘이 아닌 자성(自性)에 비유한 것이다.

도장 인(印)이란 실상 그대로 비치는 것을 비유한 것이다. 천차만별 그대로 비치는 밝음이다.

해인삼매(海印三昧)란 말이 있는데, 이것은 일체 사념 망상이 없는 진경(眞境)자리에 그치어 원근친소와 희로애락에 끌림 없는 마음이다. 해인삼매에서 분별을 낼 것 같으면 오직 바른 처사가 나오게 된다. 정견(正見)과 정행(正行)을 잘하면 해인을 가진 것이다."

(원기37년)

8. 계룡산

정산종사 동선 중에 계룡산(鷄龍山)에 대하여 말씀하시기를 "계(鷄)자는 닭을, 룡(龍)자는 양기(陽氣)를 말한 것이다. 닭이 울면 날이 밝아오기 때문에, 계룡산이란 '닭이 울면 양기가 솟는다.'는 말이다."

(원기37년)

9. 정씨왕

정산종사 동선 중에 말씀하시기를 "정씨왕(正是王)은 바른 마음 가진 이가 주장이 된다는 뜻이다. 바른 마음을 가지는 자라야 면(面)의 주장도 되고, 군(郡)의 주장도 되고, 나라의 왕도 된다. 정씨왕은 해인삼매(海印三昧)를 가진 분으로서, 오직 바르게 보고 바르게 처사하는 사람이다." (원기37년)

10. 견성의 필요

정산종사 동선 중에 말씀하시기를 "수심결에 '일예재안(一翳在眼)에 공화난추(空花亂墜)라' 하였나니, 내가 하나 옳은 것이 생기면, 그만큼 그른 것이 생기고, 내가 잘한 것이 있으면 남이 잘못하는 것이 나타난다. 내게 자비가 들었으면 증애(憎愛)가 생(生)하여 멸시하고 시기하는 것 등은 모두 사라진다. 선에 집착을 하여 잘 알고 잘한다는 것이 도시병(道是病)이다. 도시병 든 사람들은 도(道)를 깨치지 못한다.

조선 민중은 남의 도움은 구분(九分)이나 받으려 들면서, 남에게는 일분(一分)의 도움조차도 피하려 드는 이기주의(利己主義)가 많기 때문에 빈천(貧賤)한 것이다." (원기37년)

11. 계문

정산종사 동선 중에 말씀하시기를 "부득이한 살생에 대해서도 어쩔 수 없는 마음으로 하라. 대중과 더불어 합세하여 살생하게 되면 상대편에 합세한 과보도 받고, 개인 과보도 받게 되기 때문에 두 가지 인과가 있다. 어쩔 수 없는 살생은 한 가지 인과가 있을 따름이다.

내 기운이 강하여 일살다생(一殺多生)으로 짓는 과보는 내가 기운이 강할 때 받게 된다. 일살다생은 한 생명을 죽여 많은 생명을 살림을 말한다.

그러나 내가 약하고 상대의 기운이 강할 때는 과보가 크다. 동물을 죽여도 그 동물이 점점 진급이 되면 그 과보를 크게 받는다. 그러므로 우리 공부인은 살생계문을 잘 선포하여 만물을 상생(相生)도록 하고 살생을 하지 않도록 인식시키면 그 공덕은 참으로 크다.

진리를 오득하자는 것은 계율을 끊자는 것이다. 탐심도 진리를 깨쳐야 완전히 없어진다. 계율을 시일이 지날수록 가벼이 아는 병이 생기는 사람은 호랑이를 업은 격이다. 여러분은 계문을 존중이 알아 엄수하라." (원기37년)

12. 금강산

정산종사 동선 중에 말씀하시기를 "조선의 공기라든지 절기(節氣)가 서양의 이태리와 같지만 더 좋다고 하며, 조선의 금수강산은 모두 시경(詩境)이라고 하며, 금강산(金剛山)이야말로 세계에 드문 명산(名山)이라고 외국인들이 감탄한다. 금강산은 법기보살(法器菩薩)이 주봉(主峰)이 되어 일만 이천 봉을 거느리고 상주(常住)로 법(法)을 설(說)한다고 한다. 그것은 금강산에서 세상을 구할 법이 일어난다는 뜻이요, 서쪽 상제보살(常啼菩薩)이 법기보살을 만나러 온다는 것은 서양인이 법을 구하러 온다는 뜻이다." (원기37년)

13. 선천과 후천

정산종사 동선 중에 말씀하시기를 "연령에 있어서 30세 이전은 선천이고 30세 이상은 후천이다. 사람에 있어서 철나기 이전과 무지각자(無知覺者)는 선천이고 철난 이후 지각이 있어 의무실행하는 자는 후천이다. 생활에 있어서 타력생활자는 선천이고 자력생활자는 후천이다. 날에 있어서는 저녁은 선천이고 낮은 후천이다. 종교의 경로에 있어서 선천은 신화적이고 후천은 사실적이다. 정치에 있어서 전제주의 군주주의는 선천이고 협의주의는 후천이다."

(원기37년)

14. 대종사 탄생의 특이점

정산종사 동선 중에 대종사님 탄생에 대하여 말씀하시기를 "평범한 탄생이요, 한미(寒微)한 곳에 탄생함이요, 견문이 없는 벽지(僻地)에서 탄생함이다.

부처님도 친소가 있는 것이며 없다면 목석이요 인도(人道)가 아니다. 부처님은 원근친소가 있지만, 일을 처리할 때 오직 공변되고 치우침 없이 두루 보아 경우 따라 처리한다. 그러기 때문에 대종사님은 공심 있고 착한 사람을 보면 정이 더 건넨다 하시었다. 개인적 생활에 있어서는 원근친소가 확연히 있다. 소인은 이해(利害)를 타산(打算)하여 이(利)가 있으면 친하게 친절을 부리고, 이(利)가 없으면 변한다.

옛 말에 정승집 개가 죽으면 밥도 안 먹고 쫓아가지만, 정승이 죽으면 늦게 간다고 했다." (원기37년)

15. 솔성요론은 무가지보

정산종사 동선 중에 말씀하시기를 "솔성요론(率性要論)을 잘 실행하는 자는 무가지보(無價之寶)를 얻은 자요, 실행이 없는 자는 값이 없는 자이다. 내 성격을 잘 조사하여 보라. 나쁜 허물을 하나라도 선택하여 명심하고 기억하여 고치는 데에 노력하라. 순임금은

은악양선(隱惡養善)하신 분이다." (원기37년)

16. 실행삼종

정산종사 동선 중에 말씀하시기를 "거배옥이란 사람은 밤이라도 임금 계신 곳을 지날 때에는 수레에서 내려 걸어서 그곳을 지난 후에야 다시 수레를 타고 갔다 한다. 사람이란 음덕(陰德)을 쌓을수록 복덕이 무겁고 크다. 칭찬을 받으면 도리어 빚이 되고, 복 절반을 칭찬 몇 마디로 복을 감하게 된다. 알지 못하는 가운데 마음이 더 중요하다. 실행은 남을 위해서 행하는 것은 참이 아니다. 다 나를 위해서 하는 것이다.

실행에 삼종이 있다. 하나는 안이행지(安而行之)로 편안한 가운데 행하는 것이요, 둘은 이이행지(利而行之)로 이로움을 좇아 행하는 것이요, 셋은 곤이행지(困而行之)로 힘들고 곤(困)하게 행하는 것이다.

삼계(三界)를 초월(超越)한 경지는 어떠한 경지인가? 제도(濟度) 중에도 최고의 제도는 삼계를 초월하는 데에 있다. 초월한 사람이라야 떨어지지 않는다. 아무리 복을 많이 지었다 하더라도 초월하지 못한 사람은 복진타락(福盡墮落)이 되고 만다." (원기37년)

17. 삼계(三界)

정산종사 동선 중에 말씀하시기를 "욕계(欲界)는 물욕으로 사는 세계로 서원과 욕심, 진리심과 물욕심이 다르다. 부처님은 나를 놓고 진리 따라 물건을 구하고 체면과 의리따라 구하므로 마음이 언제나 안심이요 편안하다.

색계(色界)는 명예욕으로 사는 세계로 시기심과 모략이 나기 쉽고 몰라준다고 원망하기 쉽다. 의무적이어서 양심만 옳으면 제일이라고 한다.

무색계(無色界)는 법상(法相)으로 사는 세계로 나라는 상이 없다. 명예를 초월했다는 자타미오상(自他迷悟相)으로 상을 내어 사람 꼴을 못 보게 되어 마음이 시끄럽고 열이 난다.

'처삼계중(處三界中)하야 초월삼계(超越三界)하라' 삼계를 초월하여 다시 삼계를 활용하는 자가 되라." (원기37년)

18. 취사의 강령은 정성

정산종사 동선 중에 말씀하시기를 "중용(中庸)의 요지는 오직 정성(精誠)이다. 그러면 정성의 체(體)와 용(用)은 무엇인가? 체(體)는 '진실무망지위정(眞實無妄之謂精)' 진실해서 거짓이 없는 것이며, 용(用)은 '불식지공지위성(不息之工之謂誠)' 이다.

공자님의 '오도(吾道)는 일이관지(一以貫之)라'는 말도 오직 이 정성을 말함이다. 성불은 물론이려니와 만사(萬事) 성공은 오직 끝까지 노력하는 데에 있다.

옛적에 손씨라는 사람은 눈(雪)이라는 제목으로 시를 지을 때, 그 조카는 '분분리화비(紛紛李花飛)' 배꽃이 분분이 날아간다고 지었으나 손씨는 '목래(目來)' 눈이 온다고 했다. 그러나 이와 같이 어리석은 손씨도 십 년을 꾸준히 노력해 밖에 감사의 일행이 지나는 것도 구경하지 않고 밭을 갈면서 글을 짓는 등, 불철주야로 공부를 하여 마침내 최씨라는 사람으로부터 돈 오백 냥을 빌려 과거를 보러 가서 급제하고 명문장가가 되었다 한다. 이는 형설지공(螢雪之功)의 결과이다.

백파선사(白波禪師)가 절에서 공부하는 학생일 때, 공부하는 학생들이 모여 모닥불을 피워놓고 노는 사이에 그 화광(火光)으로 공부에 전일하는 것을 백파의 지도 선생이 보고 뭔가 짐작되는 바가 있어 백파를 공부하는 곳으로 보내어 큰 선사로 성공시켰다. 이와 같이 어느 때든지 쉬지 않고 일심(一心)을 들여 노력한다면 어떠한 사람이라도 크게 목적한 바를 이루게 될 것이다. 여러분은 어느 때든지 공부에 정성들이는 마음을 놓지 말고 정진불퇴(精進不退)하라.

옛적에 서고청이란 사람은 천인(賤人)의 아들로 도덕(道德)이 높았다. 그는 상전(上典)들이 공부하면 마루 밑에서 들으며 공부를 하여 나중에는 상전들이 오히려 서고청에게 배우러 왔다고 한다."

(원기37년)

19. 안분

정산종사 동선 중에 말씀하시기를 "안분(安分)을 하면 세상이 퇴보되어 전진이 없지 않느냐고 묻는다면 어떻게 말할 것인가? 순서정행도시안분(順序正行都是安分)이라, 순서를 바르게 행하는 것이 모두 안분이다. 학식도 아니 갖춘 분이 갖춘 사람의 행세를 한다든지, 가난한 사람이 부자의 행세를 하려든다든지 하지 말고, 교제?사업?생활 등 오직 정도(程度)에 맞추어 행하며 전진하라. 팔구인 선진들이 정신을 합하여 영산에 언을 막기 시작한 것이 곧 순서를 잡은 것이요, 안분인 것이다.

우리 유일학림(唯一學林)에서 많은 사람을 훈육하는 것도 발전적 시기, 정신적 시기를 보아 순서를 세워 가기 위한 한 방법이다. 춘하추동의 시기 따라서 옷을 준비하듯이 성인의 법도 시세(時世)에 맞추어서 십년 내지 이십 년간을 먼저 관찰하여 내놓으신 법이라야 그 법이 널리 쓰인다. 몇 백년 후를 잡는다는 것은 너무나 요원하며 시대에 맞지 않다.

사람의 마음이란 어진 사람을 늘 흠모하고 사모하고 보면 어진 사람과 같이 변동될 수 있다. 육체라 하는 것은 물론 변동을 못할지라도, 우리 마음이 이순신 장군 등 위인 달사들을 기막히게 흠모하고 따르고 보면 닮아지는 것이다. 조개가 달을 사모하여 진주를 만들어 내듯이 그런 것이다." (원기37년)

20. 적공적덕을 쌓으라

정산종사 예회에서 말씀하시기를 "물 한 방울 한 방울이 모여서 대해장강을 이루고 조그마한 티끌이 쌓이고 쌓이면 큰 산을 이루는 것이다. 성현이나 위인 달사들도 하루 사이에 되는 것이 아니라 오랜 시일을 두고 한 가지 또 한 가지 공덕을 간단없이 쌓았기 때문에 이름도 나고 훌륭하게 인격을 이루게 된 것이다.

대중의 신용을 얻는 것도 또한 쉬운 일이 아니어서 여러 해를 두고 여러 사람에 대하여 속임 없는 행동, 거짓 없는 행동을 한 것이 쌓이고 쌓여서 신용을 얻게 되는 것이다. 그러나 대중에게 신용 얻기는 그토록 어려우나 찰나간(刹那間)에 마음 한 번 잘못 씀으로 해서 신용을 잃기 쉽다.

부모의 자식에 대한 정성과 공력은 지극하듯이 사은에게서 지중하고 막대한 공과 은혜를 입고 있다. 그러나 그 은혜를 모르고 부지불식간(不知不識間)에 조금만 방심하면 죄를 범하기 쉽다. 우리는 언제나 끊임없는 공덕을 쌓아야 앞날의 성공을 얻을 수 있다. 예회 한 번 빠지고, 정전 한번 안 보고 야회 한번 빠지는 것 등을 소홀히 생각할지 모르나, 좌선 한번 하고 염불 한번 하고 예회 참석하는 등 이런 소소한 것으로부터 공을 들여야 나중에 성불할 수 있다.

가정 살림 하나를 이루려 해도 의복을 검소히 하고 음식도 소박하게 먹고, 부지런히 일하여야 가정을 이루어갈 수 있다. 우리 대중도 부지런히 일하고 공부하지 않으면서 어찌 앞날의 성공을 바라리오.

지금 우리 원불교가 이만큼 드러나게 된 것도 하루사이에 된 것이 아니며, 팔구인 선배의 지극한 노력과 공덕이 쌓여서 오늘날과 같은 토대를 장만한 것이다.

우리는 하루하루 지나는 가운데 공부심을 놓지 말고 지혜를 닦아서 음적(陰的)으로 마음공부가 쌓이어 부처의 지경까지 달하게 하며, 또한 하루하루 정신 육신 물질 삼방면으로 복을 양적(陽的)으로는 쌓아 복혜가 족족한 부처가 되기를 바란다."

(원기37년 2월 17일)

21. 진급과 강급

정산종사 야회에서 말씀하시기를 "보통 사람은 소한(小寒)이나 대한(大寒)을 당하여 아주 추울 때에는 몹시 더운 여름을 상상하기가 어렵고 또한 더운 여름에는 몹시 추운 겨울을 상상하기가 어렵다. 시대도 그전 세상에는 오늘날의 문명세상을 상상하기 어려웠고, 또 오늘날은 과거 정신 문명세계를 추측하기 어렵다.

중국의 요순시대에 사심, 욕심, 시기, 질투도 없는 천진난만한 착한 순임금이 이 사람은 저 사람을 돕고 저 사람은 이 사람을 돕는 노래를 지어 부르니 봉황이 날아와 춤을 추었다는 말이 있다.

우리가 지금 돌아오는 세상을 생각할 때에 부모 자녀간이나 또는 일반 사람들의 사이가 서로 사랑하고 좋아하는 평화세상을 상상하기는 어려운 일이다. 지금 물질문명에 도취된 세상 사람들에게 정신문명을 말한들 어찌 다 알아들을 것인가! 나는 앞으로 오는 세상은 자기가 지은 죄복과 자기 성품의 내역과 전생의 모든 일들을 자기가 이생에서 살아온 젊었을 때 일같이 환히 잘 알 것이다. 미래 세상에 이와 같이 죄복의 근원을 환히 알아도 죄를 지을까?

세상에서 죄를 짓되 죄 짓는 줄도 모르고 있는 어리석은 사람을 보면 참으로 한심스럽기 짝이 없다. 물질문명은 신(神)시대에서 온 것이며 또는 신시대가 극하면 인(人)시대로 돌아가는 것이다. 사시(四時)로 비유하면 봄 · 여름은 인(人)시대요, 가을 · 겨울은 신(神)시대이다. 시절도 봄가을이 좋은 시절인 것과 같이 물질문명과 정신문명이 상반된 세상이 가장 좋은 시대이다.

우리 대종사님의 음양의 도와 영육쌍전의 도에 따라 병행하는 시대가 될 것이다. 조금만 지내보라. 참으로 좋은 세상이 오고 있다. 이 난리(6 · 25전쟁)가 터진 것도 또한 까닭이 있고 이유가 있는 것이지 아무 까닭이 없는 것이 아니다. 우리가 말 하나 잘못해도 죄가 오고 눈 하나 잘못 사용해도 벌이 내린다.

전무출신 한 여러분은 전무출신을 잘하면 큰 복이 올 것이요, 그와 반대로 잘못하면 공중의 큰 빚을 지게 되어 죄가 올 것이다. 그러면 우리가 죄복의 원인을 잘 알면서도 복을 짓지 않을 것인가! 여러분은 정전에 있는 불생불멸의 진리와 인과보응의 이치를 공부하되 정전을 쉽게 알지 말라.

사람을 가만히 보면 그 행동을 보아 승급과 강급을 대개 알 수 있다. 어떻게 하면 육도세계에서 진급이 되고 어떻게 하면 강급이 되는가? 답하여 보라!"

성정철이 답하기를 "배울 줄 알고 굴기하심하며, 공경심을 가지고 사람과 사람 사이에 인화(人和)하는 도를 행하면 진급이 되겠나이다. 이것을 한 말로 말하면 솔성지도만 잘하면 진급계에 오르는 사람이 되겠습니다."

성정철의 답을 들으시고 말씀하시기를 "진급과 강급에 대하여 말하자면 진급의 최고의 자리는 곧 인도(人道)의 세계요, 강급의 최하의 자리는 무간지옥(無間地獄)이다. 진급과 강급으로 올라갔다 내려갔다 함은 천지의 이치이다. 사시가 순환하는 이치와 같이 무위자연으로 윤회가 되며, 삼악도(三惡道)에서 인도세계에까지 진급이 되는 것은 자연의 이치로 된다. 인도세계에 와서는 진급이 되고 강급이 되는 것은 자기가 잘하고 못하는 데에 있다.

인도세계에서 강급은 아니 되고 항상 진급만 되는 길은 첫째로 인연을 잘 만나야 한다.

좋은 인연이란 불보살을 만나는 인연이다. 불보살을 절대적으로 믿고 숭상하며 닦아나가는 것이 바로 진급의 길이요, 즐겨하는 바가 불보살 세계가 승하면 그 마음이 종자가 된다. 그러므로 불보살과 성현을 믿지 않는 것은 곧 강급되는 이치가 된다. 아무리 못난 사람일지라도 부처님을 철저히 믿으면 장차 진급될 사람이다. 대종사님과 나를 철두철미하게 믿고, 또한 법을 중히 알며, 지도인을 잘 믿고, 거짓 없는 마음이 진급되는 가장 큰 원동력이다.

둘째는 자기보다 나은 사람을 시기하지 말고 복종하며 언제나 존경하고 공경하는 사람은 진급될 것이다.

셋째는 나보다 못한 사람을 가엾게 여기는 동시에 두호(斗護)하며 업신여기지 않고 잘 지도하는 것이 진급의 한 조건이 된다.

넷째는 부처님은 모든 중생을 제도하나 상(相)이 없는 고로 진급이 된다. 그러나 보통 사람은 조그마한 일에도 아상(我相)을 내게 된다. 우리는 이 아상(我相)을 내지 말아서 무던하다든지 족하다든지 하는 생각을 놓고 늘 부족함을 가질 것이다."

(원기37년 2월 20일)

22. 죄복의 종자

정산종사 예회에서 말씀하시기를 "우리들이 부처가 되는 경로는 인욕수행(忍辱修行)으로써 이루며, 제도사업도 역시 인욕수행으로써 이룬다. 무엇이나 사물을 놓고 볼 때 물도 근원이 있고 나무에 뿌리가 있어야 하듯이 여진(餘震)이 있어야 영구한 것이다.

복의 수용에 있어서도 현재 복락을 누리는 것보다 그 용성(用性)에 복의 종자가 배어있는 것이 더 중요하다. 복의 종자가 있어야 영원한 것이다. 현재에 있어 인물을 갖추고 부귀영화로써 자기가 만족한 자리에 있다 할지라도 그 마음씨에 있어 복의 근성이 없고 보면 이는 다함이 있어 오래가지 못한다.

보통 어리석은 중생은 현재 나타나고 있는 복락을 중히 여기고 영원한 것으로 생각하여 무식하고 천한 자리에 있는 이를 무시하고 능멸이 여긴다. 부처님과 같이 지혜로운 혜안(慧眼)으로 볼 때에는 현재는 무식하고 빈천한 자리에 있으나 죄의 근성이 없고 복의 근성이 싹트고 있다면 앞으로 복 수용할 것을 판단하며, 죄의 근성이 있을 때는 앞으로 죄 받을 것을 판단하게 된다.

나무도 뿌리에 벌레가 붙어 그 뿌리를 파고 있으면 지금은 생생하고 푸르나 앞으로 썩어버릴 것이며, 지금은 시들하나 그 종자와 뿌리만 썩지 않고 있으면 앞으로 무성한 나무가 될 수 있다. 공자님께서도 '근원 없는 물은 현재는 많으나 다할 날이 있으며 근원 있는 물은 다할 날이 없다' 고 하셨다. 우물에도 근원이 있으면 물이 여여자연한 것이다.

이상의 비유를 생각하여 현재의 처지에 나쁜 자리에 있으면 그를 비관할 것이 아니라 지금 자기의 마음에 어떠한 싹이 트고 있느냐를 생각하라. 마찬가지로 자기가 훌륭한 지위에 있다할지라도 만족만 하지 말고 자기의 마음에 어떠한 싹이 트고 있는가를 살피고 걱정할 것이다. 이 싹의 종자를 들자면 신심 · 공심 · 자비심이다. 먼저 부처님에 대한 신앙의 종자가 얼마나 되는가? 때와 장소에 따라 삼대력 공부를 놓지 않고 용맹정진하고 있는가를 반성해 보는 것이 큰 공부이다. 우주의 진리는 구하는 자에게 복을 주는 것이 이치임을 알아야 한다.

우리는 자기의 힘을 베풀어서 남을 이롭게 하려는 마음과 나만 못한 약한 자를 구하려는 공심이 있는가? 남을 이용해서 사리사욕을 채우려는 싹이 트고 있는가? 자비에 있어서도 부모가 자식에게 베푸는 지극한 자비와 같이 모든 중생에게 베푸는 광대한 자비가 있는가? 시기심을 없애고 남 잘못을 용서하고 민망히 여겨 잘 지도하며 남 잘한 것을 기쁘게 여기는 자비의 싹이 돋고 있는가, 없는가? 하루를 지나는 동안에 아침저녁으로 반성해 보는 것이 큰 공부이다.

현재 받고 있는 것은 전세(前世)의 지은 바이나 현재에 싹트고 있는 것에 따라서 앞으로의 과(果)가 나타난다. 이 길을 알아서 마음 가운데 좋은 싹을 길러서 앞으로 모두가 부처가 될 것이며, 무명 중생을 제도하는 대도사(大道師)가 되라." (원기37년 2월 24일)

23. 부귀와 대우 받는 법

정산종사 말씀하시기를 "옛적에 영산스님과 허주스님 두 사람이 서로 만나기를 원했다. 세인들은 하도 간절히 만나기를 원하는지라 서로 만나면 얼마나 기뻐할까 했다. 하루는 우연히 길에서 서로 만났는데 허주스님이 영산스님을 보고 손을 번쩍 들으니 영산스님은 눈만 깜박깜박 하였다. 제자들은 이것을 보고 너무 싱겁기 짝이 없다고 하였다. 그러면 여러분도 항상 듣는 소리라고 쉽게 알고 소홀하기 쉬우니 나도 역시 눈만 한번 깜박해 볼까? 말로 할까? 말하여 보라."

하시고 이어서 말씀하시기를 "이 세상 사람들은 돈을 좋아하나 돈 벌게 되는 원인과 방법을 모르며 대우 받는 것과 부귀 누리기는 원하면서 그 원인과 방법을 모르고 있다. 우리 공부자는 언제나 원인과 방법을 중히 알아 추구해 나아가야 한다.

부처님은 남을 위하는 것이 곧 나를 위하는 것임을 확실히 깨쳤기 때문에 부처가 되신 것이다. 내가 부모의 사랑 받기를 원하거든 먼저 부모에게 효도하라. 만일 부모가 계시지 않으면 이웃집 노인을 내 부모와 같이 섬겨라. 그러면 그도 역시 나를 사랑할 것이 확실하지 않은가? 자녀에 있어서도 공력(功力)을 들이면 대개는 자연히 효도하게 된다. 또한 내 자녀가 없으면 남의 자녀에게 그와 같이 사랑하며 공력을 들이면 역시 친자녀 이상의 효도를 할 것이다. 형제간에 있어서도 내가 먼저 사이 없는 마음으로 섬겨 주면 역시 따뜻한 정이 우러날 것이며 우애가 있을 것이다. 형제가 없는 사람은 남에게 이러한 방법을 쓰면 형제 이상의 따뜻한 정을 맺을 수 있다. 사회 대중에게 대우 받기를 원하거든 삿된 마음을 없애고 양보하며 대중을 높이며 진실하게 일하고 보면 자연히 대우가 따를 것이다.

우리가 부처님을 존모하게 된 것은 역시 부처님께서 그만큼 우리 대중에게 스승으로서의 존엄과 부모와 같은 애정으로 무량자비를 베푸신 까닭이다. 역대 성현이나 공자님도 삿된 마음 없이 이와 같은 심경으로 제자를 대하셨기 때문에 오늘날까지 그 제자들로 하여금 존모(尊慕)를 받게 됨이요, 이름을 떨치게 된 것이다.

타인을 해하면 그 해가 나에게 돌아오나니, 곧 자기가 자기를 해하는 것이 된다. 타인을 공경하고 높이면 이것이 자기에게 돌아오나니, 이것이 곧 자기를 공경하고 높이는 것이 된다. 이것이 곧 큰 비결이다.

우리가 공중사를 하는 것이 남의 일이라 생각할지 모르나 정성스럽고 진실되게만 한다면 복이 쌓이고 쌓여서 무한한 복을 받게 될 것이다. 다시 말하면 남의 일을 한 것이 아니라 나의 일을 한 것이다.

우리가 숨을 쉴 때도 내쉬는 것은 들이쉬는 근본이 되고 들이쉬는 것은 내쉬는 근본이 된다. 즉 자타(自他)가 둘이 아니고 하나이며 공(空)한 것이다. 우리가 누구나 이 이치를 확실히 깨닫는다면 공익사업을 하지 말라고 해도, 공중일 하지 말라 해도 서로 하려고 할 것이다. 우리가 세상 살아가는데 이러한 묘한 이치를 확실히 깨쳐서 과거의 훌륭한 위인달사나 성인과 같이 각자 자기의 복을 개척해 가라." (원기37년 3월 9일)

24. 부처님과 속인의 인격관

정산종사 야회에서 말씀하시기를 "외모(外貌)란 인물과 의상을 말한다. 세속 사람들은 외모만으로 인격을 논하나, 부처님은 외모가 있으나 없으나 사람을 다 평등하게 보시며, 그 마음의 바탕에 복의 종자가 싹트고 있느냐 없느냐로 인격을 판단하신다.

학벌은 과학지식의 정도를 말한다. 대학을 졸업하고 떳떳한 간판을 지니고 있는 사람과 소학교 문턱도 밟지 못한 무식쟁이의 두 사람이 있다고 하자! 물론 세속 사람들은 대학 졸업하고 간판 훌륭한 사람을 인격자로 판단할 것이다. 그러나 부처님은 마음 가운데 과거 미진한 진리를 알아가는 진취성(進就性)이 있느냐 없느냐로 인격을 판단하신다.

지위 명망에 있어서도 세속 사람들은 현재의 지위와 명예로 인격을 논하나, 부처님은 그 행동이 정의(正義)의 길을 밟고 있느냐 않느냐로 인격을 판단하신다.

이와 같이 중생은 나타나고 있는 외형을 보고 그 인격의 유무를 판단하나, 부처님은 현재의 계급에 끌려 보지 아니하시고, 오직 마음 바탕과 마음 향하는 바를 보며, 매일매일 고쳐나가는 실행처와 지식 방면과 수양 방면에 날로 진취성과 향상이 있는 사람을 훌륭히 안다.

과거에 한 사람이 훌륭하다고 남에게 인증을 받았으나 짓는 것이 죄뿐인지라, 죽어서 당장 악도에 떨어졌다 한다. 그러므로 세상 사람들의 눈으로 볼 때 무식하고 옹졸하고 권세 없는 사람을 절대 하시하지 말라."

25. 이어서 말씀하시기를 "빈천한 총각 이야기가 있다. 왕자 되기를 소원하고 기도를 드리며 산골 높은 재에서 주막집을 하며 많은 사람에게 목을 축이게 하고 잠자리도 제공하는 등 많은 복을 베

풀며 살았다. 하루는 암행어사 박문수가 지나가다 이 사연을 듣고 총각에게 '무엄하다' 고 호통을 친 일이 있었다. 후일에 그가 숙종임금의 왕자로 태어났는데, 박문수를 보기만 하면 울음을 터뜨리니, 임금은 무슨 곡절이 있음을 짐작하고는 박문수의 과거 지방 다녀온 사연을 물었다 한다. 그리하여 내력을 알고 임금이 왕자 앞에서 박문수를 호통 치는 연극을 함으로써 울음이 그치게 되었고 나중에 박문수를 왕자의 스승으로까지 삼았다고 한다.

그러므로 우리 공부인들은 인격을 보는데 있어서 외형에만 끌리는 세속인의 인격관을 버리고, 오직 마음의 종자를 보고 판단을 내리는 부처님의 인격관을 가질 것이며, 각자가 마음의 종자를 잘 배양하여 참다운 인격자가 되기에 노력하라."

정산종사 대중에게 "사람은 병기도 없이 손가락 하나 까딱도 안하고 사람을 살리고 죽이는 재주가 있다. 아무 형상이 없이 이 회상을 창립하고 파괴시키는 재주가 있는데 그것이 무엇인지 말하여 보라!"

하시고 이어서 말씀하시기를 "사람과 사람이 상대하는 데에 있어서 친구 간이나, 부자간이나 두 사람 사이에 틈을 내어 서로 원수가 되게 하는 사람은 곧 남의 마음을 죽이는 사람이요, 그런가 하면 그 사람을 가까이 하면 없던 공부심도 일어나고 없던 사업심도 일어나고 남에 대한 원망심도 풀리고 있던 근심걱정도 풀어지게 하는 사람, 두 사람을 화합하게 하는 사람은 곧 남의 마음을 살리는 사람이다.

인연을 좋게 하는 사람은 살리는 자이고, 두 사람의 정을 끊게 하는 사람은 죽이는 자이며, 모든 원망을 감사로 돌리는 사람은 살리는 자이며, 원망으로 돌리는 사람은 역시 사람을 죽이는 자이다. 교중에 대해서도 좋은 선전을 하는 사람은 지방 사람들까지 마음에 감사한 생각과 흠모하는 마음과 신심이 나게 되어 크게 살리는 자이며, 반대로 교중의 경제가 곤란하다든지 교중의 단점만 말하는 것은 교중을 죽이는 자이다. 이는 개인 한 사람을 죽이는 것보다 더 큰 죄악이다.

우리는 부지불식간에 입으로 죄악을 범하기 쉽다. 총칼로 죽이는 것이 무서운 것이나 총칼 아닌 말로 죽이는 것은 더 무서운 일이다. 우리 교중에 있어서도 회상의 위신을 세워 주고 회상의 장점을 드러내는 사람은 이 회상을 이루어 내는 자요, 회상의 단점만 말하고 회상의 위신을 깎아 내리는 사람은 이 회상을 파괴하는 자이다. 장점은 드러내고 단점은 숨기는 것이 성인의 심법이다.

우리는 말에 대해서 각별이 주의하여 남을 꺾는 말이라든지, 해로운 말로 해서 남을 죽이는 자가 되지 말고, 신심 없는 사람을 신심 있는 사람으로, 공부심 없는 사람을 공부심 있는 사람으로, 계율을 아니 지키는 사람을 계율을 잘 지키는 사람으로 만드는 사람을 살리는 사람이 되라.

여러분은 언제나 먼저 자기도 살리고, 남도 살리고, 회상도 살리는 상생의 말을 하는 도인이 되도록 노력하라."

(원기37년 3월 12일)

26. 심고(心告)

정산종사 말씀하시기를 "우리가 심고를 올릴 때 형상 없는 자리에서 무슨 위력이 나타날까 하는 의심은 없는가? 우주의 진리와 내가 부합이 되어 크게 위력을 얻을 수 있다는 확고한 신념으로 올리고 있는가? 얼른 생각하기에는 마음으로 잠깐 고(告)하는 것이 무슨 위력이 있을까 싶지마는 우리가 마음으로 생각하는 것이 다 허공법계에 나타나는 것이다.

암실기심(暗室其心)이라도 신목이여전(神目而如電)하나니, 우리가 마음으로 먹은 선악도 구별되어 다 밖으로 나타나는 것이다. 마음을 선하게 먹은 자는 겉으로도 화기(和氣)가 등등하여 그 기운이 은연 중 스며드는 것이며, 마음을 악하게 먹은 자는 또한 악한 기운이 나타나게 되는 것이다. 고로 우리는 마음으로 생각한 바를 소홀히 알지 말 것이다.

개가 개 잡는 사람을 보면 짖어대는 것이나 소가 푸줏간 가까이 가면 눈물을 흘리는 것 등이 겉으로 나타나지 않으나 그 기운 속에 깂아 있는 것이다.

우리는 심고할 때뿐만 아니라 언제나 마음의 움직임에 주의할 것이며, 조석심고를 일심으로 들이는 것이 큰 공부가 되고 큰 위력이 있음을 잊어서는 아니 된다. 6 · 25전쟁을 우리가 무사히 넘긴 것도 우리 대중이 일심으로 심고 올린 위력에 힘입은 것이니, 낱없는 마음으로 남을 위하고 상없는 마음으로 공부하면 그 기운으로 교단이

나 국가 세계가 큰 위력을 얻을 수 있음을 확신하라.

심고를 올릴 때에는 삿되지 않는 온전한 마음으로 올려야 한다. 우리가 죄 받는 것도 무형한 가운데 죄의 요소가 갊아 있기 때문에 받게 되고, 복을 받는 것도 무형한 가운데 복의 요소가 갊아 있기 때문에 받게 되는 것이다. '천불강(天不降) 부작지죄(不作之罪)요 인불수(人不受) 부작지복(不作之福)이라' 하늘은 짓지 아니한 죄를 내리지 아니하고, 사람은 짓지 아니한 복을 받지 않나니라.

우리가 짓지 않는 복을 바라는 것은 밥 먹지 않고 배부르기를 원하는 것과 같지 아니한가. 정신 · 육신 · 물질 어느 것으로도 남에게 유익을 주지 아니하고 어찌 복 받기를 바라리오. 복 받기를 원하거든 형상 없는 마음에 복의 싹을 길러내고, 죄 받기를 싫어하거든 형상 없는 마음 가운데 죄의 뿌리를 없애라.

마음으로만 남을 위하여도 복록이 된다. 마음이 착하면 말도 덕스럽고 따라서 행동도 덕스럽다. 우리는 언제나 일심(一心)으로 심고를 올리며 무형한 가운데 덕 쌓기에 노력하여 덕의 근본을 길러내도록 하자."

27. 이어서 말씀하시기를 "로일전쟁 때 일본에서 있었던 일이다. 어머니가 자식을 전쟁일선에 보내고 일심으로 기도를 드리는데, 전쟁터에서는 아들이 '폭격이 온다' 는 소리를 듣고 즉시 방공호로 대피하러 들어갔다가, 이상하게 허공중에서 어머니가 자신의 이름을 부르는 소리를 듣고 그 소리를 따라 방공호 밖으로 나갔다. 그

순간 방공호가 폭파되어 다른 동료들은 다 전사하고 그 아들만 구사일생으로 살아남았다. 이는 고향에서 어머니의 일심기도 위력이 허공법계에 통하여진 실례이다.

마령에 박혜련화 교도가 신심이 장하여 항상 법회 출석을 하는데, 어느 날은 비가 와서 개울을 건너지 못할 정도로 물이 불었다. 그러나 박 교도는 이를 불고하고 법회를 보기 위해 일심으로 개울을 건너서 법회를 보고 난 후 다시 일심으로 건너서 돌아갔다. 이에 마을 사람들은 비가 많이 와서 큰물이 졌는데 '어찌 건너갔다 오느냐!' 고 놀라워했다. 이 또한 일심의 위력이다." (원기37년 3월 19일)

28. 모든 것은 구하는 자에게

정산종사 말씀하시기를 "어느 사람이 고기 잡으러 가서 미꾸라지, 새우 등 모든 것을 다 잡으려고 하다가 하나도 잡지 못하고 돌아왔다고 한다. 법설도 이와 같아서 법설을 들으려고 오랜 시간을 두고 많이 들으려 하다가 혹 그 자리에서 공명(共鳴)하며 알 듯 하다가도 나중에 돌아가서는 무엇을 들었는가 하나도 모르는 수가 많다. 그러니 우리는 법설을 듣고 나면 먼저 그 요지(要旨)를 파악해서 실행(實行)에 옮기라.

우리가 세상에 처하여 구하고자 하는 것을 간단히 말하자면 복(福)과 혜(慧) 두 가지인 바, 세상은 복의 밭이요 우주는 진리의 덩치이니, 부처되기를 원하건대 먼저 복과 혜를 구하기에 노력할 것이다.

부처님은 견명성오도(見明星悟道)를 하셨고, 대종사님은 청명한 하늘을 보시고 이 이치를 깨치셨으며, 역대조사 중에는 꽃을 보고 깨치신 분도 계시며, 또한 굴러가는 돌멩이를 보고 깨치신 분도 있다. 이와 같이 성현과 우리가 같은 우주의 진리 속에서 살고 대자연의 현상을 같이 보고도 우리는 어찌하여 진리를 오도(悟道)하지 못하고 있는가? 그 이유를 추구해 보자. 거기에는 각자의 의견이 있겠으나, 부처님은 인과보응의 이치, 불생불멸의 진리, 풍운우로와 우주만상의 변화, 생로병사의 이치 등의 현상에 의심을 발해서 밤낮으로 진리를 구하는데 철저히 노력하며 알아 가는데 지성으로 연구함으로써 결국 성불하신 것이다.

정전공부에 있어서 그 지식을 얻으려 함에 먼저 몇 번이고 펼쳐보며 의심을 발해서 연구공부를 한 후에, 예회의 경강을 들으면 훨씬 얻음이 많다. 무엇이나 공을 들여서 얻지 못할 것은 없다. 여러 번 많이 듣는 사람에 있어서도 구하려고 노력하지 않으면 얻음이 없을 것이요, 얼마 아니 되었어도 자기가 구하기에 철저히 노력한다면 성공하고야 말 것이다. 좋은 법설을 아무리 많이 들었으나 의심을 발하지 않고 연마하지 않고서 어찌 성공을 바라리오. 우리가 정전을 많이 연구하고 연마하기에 힘쓴다면, 천만 사리를 걸림 없이 명확하게 해석할 수 있을 것이다.

우리가 얻고자 하는 복(福)에 있어서도, 이 우주는 복(福)으로 꽉

차 있다.”

29. 이어서 말씀하시기를 “옛날에는 세력 있고 지위가 높은 자이어야 복도 수용할 수 있다고 하였지마는, 그 때에도 삼노팔리(三奴八吏)라고 유명한 말이 있다. 그것은 종 가운데 삼인(三人), 아전 가운데 팔인(八人)이 손꼽을 수 있는 양반이 되었다는 말이다. 이와 같이 빈천한 자리에서도 정성스럽게 구한 결과로 훌륭히 되었거늘, 자유와 권리동일을 부르짖고 있는 지금에 있어서이랴! 구하기에 노력만 한다면 누가 이를 막겠는가.

아무리 구하여도 되지 않는 일은 진리에 어긋나게 구하는 연고이다. 가령 우리가 부자 되기를 원한다 하더라도 먼저 사람들에게 신용을 얻어야 하며, 서로 화(和)하는 도로써 사람들에게 유익을 많이 주어야 하는 것이다. 농사를 지을 때에도 비용을 많이 들이고 공을 많이 들여야 나중에 많은 수확을 얻을 수 있고, 장사를 하는 데에도 밑천이 많이 들어야 큰 장사를 하여 돈을 벌 수 있다. 이와 같이 복(福)도 먼저 나가야 들어오는 것이다. 복을 구하려면 먼저 정신 · 육신 · 물질 삼 방면으로 남에게 많은 유익을 주며 공(功)을 들여야 한다. 우리가 공익사업을 하고 공중사를 하는 것이 여러 사람에게 복의 밑천을 들이는 것이니, 큰 복을 수용할 근본이 된다. 이 우주의 모든 것은 다 복의 자료이며 복의 밑천이다.

진나라 이모(李某)라는 사람은 빈곤한 소년을 도와 주었다. 그 소년이 후에 왕자가 되고 왕위에 올랐을 때 이모에게 큰 벼슬을 내려 은혜에 보답했다고 한다. 이것을 보면 이모는 큰 장사를 한 것이다. 우리도 이와 같다. 산에다 공(功)을 들이면 산에서 복(福)이 나오고, 들에다 공을 들이면 들에서 복이 나온다. 어느 곳이나 공들여서 복(福)이 나오지 않는 곳은 없다. 그러므로 우리가 공중사(公衆事)에 공을 들이고 보면 복(福)이 깨 쏟아지듯 할 것이다.

이와 같이 이치를 알아 잘 하고 보면, 전부가 복덩어리지마는, 또한 이치를 몰라 못하고 보면 전부가 죄덩어리이다. 우리에게도 부처님과 같이 복과 혜를 얻을 수 있는 요소가 갊아 있건마는 구하는데 노력하지 않기 때문에 오지 않는다.

어느 빈곤한 노인의 발바닥에 사마귀가 있어 상(相)을 보는 사람에게 보이니 임금이 될 것이라 하므로 그 노인은 기다리다 마침내 굶어 죽게 되자 '태자야, 왕후야, 짐이 붕어하신다' 하고 죽었다. 노력하여 구하지 않고 복을 바라는 것은 그 노인과 똑같다. 우리가 큰 복을 얻고 큰 지혜를 얻어 부처가 되기를 원하거든 먼저 구해야 하며 구하되 진리로 구해야 할 것이다."

이어서 말씀하시기를 "제일 가는 재물은 신심이요,
제일 가는 낙은 바른 법을 수행하는 것이요,
제일 가는 맛은 선정의 맛이요,
제일 가는 수명은 지혜이다." (원기37년 3월 23일)

30. 금언을 삼백 냥에 산 임금

정산종사 말씀하시기를 "임금님이 변장을 하고 백성들의 사는 모습을 살펴보러 나왔다가 '일생의 보물이 될 말을 선사하면 큰 상을 주리라' 하였다.

어느 이발사가 '제가 답을 하겠습니다.' 하면서 '일을 행하기 전에 생각하고, 일을 마친 후에 반성하라' 는 금언을 하였다.

임금이 '더 하여 보라' 하니, '군자(君子)는 대로행(大路行)이라' 하는지라 다시 '더 하여 보라' 하니, '늙은 남자와 젊은 아내를 조심하라.' 하였다.

임금은 약속대로 세 마디를 하였으니 삼백 냥을 주었다. 임금이 재미있게 생각하고 궁궐로 돌아오는데, 지름길로 가면 빠르겠다 하고서 걸음을 내딛다가 '군자는 대로행이라' 하던 말이 생각나 큰 길로 가게 되었다.

그때 역적을 모의하던 자가 임금의 뒤를 밟다가 없앨 속셈이었으나 큰 길로 가는지라 일을 도모하지 못하게 되었다.

궁궐에 당도하여 왕비의 처소로 가니 늙은 신하와 같이 있는 것이 아닌가! 그 자는 바로 역적을 도모하는 우두머리 신하로서 왕비를 가까이 하여 임금을 죽이고 함께 살 속셈이었던 것이다. 임금은 그 신하를 처형하고 선정으로 나라를 잘 다스렸다고 한다.

죽을 뻔한 임금은 이발사에게 삼백 냥을 주고 산 금언 덕택으로 일생의 앞길이 트이게 된 것이다." (원기37년)

31. 복과 지혜의 종자

정산종사 말씀하시기를 "어느 부모가 세 딸에게 방아 찧지 않은 쌀을 한 말씩 나눠 주고는 일년이 지난 뒤에 그 쌀을 어찌하였느냐 물었다.

큰 딸은 쌀 한 말을 그냥 다 먹어버리고, 둘째 딸은 아버지가 주신 것이라며 매달아놓고 쳐다만 보고 있고, 셋째 딸은 쌀 한 말로 종자도 삼고 밥도 지어 먹고 기운을 내 농사를 지어 많은 수확을 하였더라는 이야기가 있다.

여러분은 어떤 사람이 큰 딸이 되고, 어떤 사람이 둘째 딸이 되고, 어떤 사람이 셋째 딸이 되겠는가 생각하여 보라!

사람이 누구나 이 세상에 태어날 적에 복과 혜의 종자를 다 가지고 나오는 것이다. 그러나 가지고 온 복과 혜를 다 소비하여 없앤 자는 빈천보(貧賤報)와 무식한 과보를 받나니 이는 큰 딸과 같은 자이다. 다음으로 큰 죄는 짓지 않고 근신하며 방탕하지 않게 사는 사람은 둘째 딸과 같다. 그러나 정신도 잘 단련하여 염불 · 좌선의 수양을 쌓아서 법을 잘 연마하여 밖으로는 많이 듣고 안으로 깊이 연구하고 깊이 생각하여 한량없는 혜를 키우며, 복도 십분의 일은 몸에 수용하고 십 분의 구는 정당한 사회사업을 하며 복을 밖으로 활용하여 복이 쌓이는 생활을 하는 자는 셋째 딸과 같다.

내가 타고난 복을 남용하며, 가만히 앉아서 허비만 하고 보면 타고난 복(福)을 더는 것이요, 몸을 괴롭게 하여 수고를 아끼지 않는 자는 복을 심는 것이다.

동학의 최해월 선생은 언제든지 멍석을 짜고 나무를 심으셨다. 내가 나만 편하고, 나만 쓰고, 나만 혼자 다하고, 나만 명예를 다 차지하고 보면, 나에게 쌓일 복이란 아무 것도 없다.

금수(禽獸)는 자유가 없는지라 복(福)을 짓기 어려우나, 만물의 영장으로 출생한 우리 사람은 천재일우(千載一遇)로 복전(福田)을 만났으니 복 짓는 데 힘써야 한다.

빙공영사(憑公營私)한 자의 과보는 우마보(牛馬報)를 받고 빚을 많이 지면 소가 되며, 또는 인도(人道)에 수생(受生)하여도 만물이 나를 방해하게 된다. 그러나 멸사봉공(滅私奉公)한 자는 대중이 항상 돕게 된다." (원기37년 4월 16일)

32. 심덕과 언덕

정산종사 야회에서 말씀하시기를 "사람이 하는 말을 두고 언덕(言德)이 좋다 낫다 하니, 무엇을 언덕이라 하는가! 또는 심덕(心德)이 좋다 낫다하니 무엇을 심덕이라 하는지 생각하여 보라.

사람에게는 누구나 장단이 있다. 언덕(言德)이 있는 사람은 먼저 장점을 드러내고 다음에 부득이 단점을 드러내어 말을 한다. 같은 말이라도 단점만 드러내어 박덕하게 쏘아 붙이는 것은 언덕이 없는 사람이다. 김가니 박가니 하는 말투나 능멸이 여기는 말투, 또는 남의 습자와 문장을 보고 업신여기는 말 등은 하지 말라. 같은 말이라도 남 듣기 좋게 할 것이며, 절대로 능멸하거나 헐뜯어 말하지 말라. 의원들도 병자에게 위안될 말에 힘쓸지어다.

머시매들, 계집애들, 늙은이들, 그런 말들은 쓰지 말아서 말부터 순후(淳厚)하게 하라. 말하는 법이 종교인다워야 하는 것이다. 사람도 과거에 잘못 하다가도 이후로 잘하게 되면 그 과거를 들추어내지 말라. 그전에 부하였다든지 이전에 후배라든지 해서 멸시하지 말라. 단체 사업도 자기 혼자 한 것처럼 광고하거나 자기가 제일인 체하는 것은 천(賤)한 격이니 신중하라." (원기37년 4월 23일)

33. 지난 일을 묻지 않고

정산종사 말씀하시기를 "광무황제(光武皇帝)가 태자로 있을 때, 대수장군이 되어 대수(大水, 압록강)에서 일심(一心)을 양성했다. 중상모략을 당하였으나 그 일이 풀리고 즉위하였다.

황제는 제일 먼저 모든 신하들에게 중상모략자의 명단을 쪽지에다 모조리 적어내라 명령하였다. 모두 무서워하며 비밀이 적어 앞에 놓인 항아리에 넣었다. 황제는 항아리에 담긴 모략자의 명단이 적힌 비밀문서를 불살라 버리고 환한 얼굴로 소리 높여 외치기를 '중상모략자는 이미 불타 없어졌으니, 우리의 적은 다 죽었다. 나라를 위하는 사람만 남았으니 모두 힘을 합쳐 좋은 나라를 만들어 가

자' 하고 일체 더 이상 묻지 않고 정사를 폈다고 한다."

(원기37년 4월 30일)

34. 선심후심 일여청정

정산종사 말씀하시기를 "가령 수도에 발심을 한다든지 전무출신에 헌신하겠다하는 마음은 선심(先心)이다. 처음에는 깨끗한 마음이 발하였으나 살아가다 보면 속심(俗心)이 나오게 된다. 시계를 차는 사람, 의복을 좋은 것으로 입는 사람 등을 보고 나도 같이 수용하고 싶은 생각이 나며, 무엇을 이용해서라도 나도 가지고 싶고, 이루지 못할 때는 비관한다. 이와 같이 처음에는 명예심도 없이 대우야 있든지 없든지 괘념치 않다가, 차차 딴 마음이 주장이 되어 번뇌가 일어나게 되고 세속을 연모(戀慕)하는 후심(後心)이 생겨서 점점 그르치게 된다. 그리하여 계교심, 질투심으로 나중에는 자포자기, 비관하게 되어 결국 중생으로 떨어지고 만다.

기위 공부에 발심한 우리는 매매사사(每每事事)에 분투노력을 게을리 말며, 시간 시간을 보낼 때에 부처를 이루고 대중을 위하는 보살행으로 일관하고, 당하는 대로 분수에 안심낙도(安心樂道)하여 그 마음이 더욱 깊고 깨끗하게 청정일념(淸淨一念)을 계속하는 사람이 되라.

세월이 지날수록, 노인이 될수록 욕심이 치성하는 자가 있다. 우리가 친구를 사귈 때에도 이해를 떠나서 끝까지 깨끗한 마음을 가지고 서로 사랑하는 자가 되어야 한다. 생활에 있어서도 풍부할 때나, 곤란할 때나, 평소 먹은 마음을 변치 말라. 흔히 돈이나 지위나 권리가 생기면 후심(後心)이 생(生)하기 쉽다.

여러분이 끝까지 변태(變態)가 없는 사람, 은혜를 끝까지 아는 사람, 며느리 처음 보는 마음 같은 사람 등으로 산다 하면 그 사람은 보살의 마음을 가진 자이요 부처의 마음이다.

여러분은 선심후심(先心後心)이 일여청정(一如清淨)한 마음을 가진 주인공이 되라." (원기37년 5월 7일)

35. 주인과 머슴의 심경

정산종사 야회에서 말씀하시기를 "공부와 사업을 하는데 주인의 심경과 머슴의 심경이 다르다. 이 주객(主客)의 다른 점을 말하여 보라!"

하시고 이어서 말씀하시기를 "공부를 하는 데에도 주인심경으로 하는 자는 '삼세를 통하여 수양을 해 영원히 악도에 떨어지지 않겠구나' 하고 염불과 좌선을 게을리 아니하여 하기 싫으나 좋으나 힘을 쓴다. 살림하는 자가 으레 처자를 살리기 위하여 좋으나 싫으나 혈심 노력하는 것과 마찬가지다. 그러나 머슴심경으로 하는 공부는 남의 이목에 끌리어 마지못해 하게 된다.

사업을 하는 데에도 주인심경으로 하는 자는 못하나 호미 하나 기구 하나 없는 것을 예사로 보지 않고 아까운 생각을 가져서 공중 물건을 내 것같이 하여 주밀하게 챙긴다. 그러나 머슴심경으로 하는 자는 회중의 물건이 소모되거나 말거나, 손님이 오거나 말거나 나에게 아무런 상관이 없는 것 같이하고, 누구에게나 알뜰한 마음이 없고 상(相)만 있으며 남을 헐뜯고 오직 '나의 공을 알아줄까, 남들이 잘해 주나 못해 주나' 를 헤아린다.

주인은 알뜰하고 상(相)이 없기 때문에 큰 이익을 차지하게 되는 것이다. 주인의 이러한 심경은 시방세계가 오가(吾家)의 소유인 지경에 이르게 된다.

우리 교중(敎中)에도 이런 사람이라야 법주(法主)가 된다. 교중을 이용하느냐, 교중에 바치느냐에 주객(主客)이 갈리게 된다. 여러분은 몸을 바친 주인이 되어 이 공부 이 사업을 영원히 빛내는 사람이 되라."

36. 이어서 말씀하시기를 "날이 가물던 해 어느 집 머슴이 장가가 신혼 첫날밤을 맞이하였다. 막 잠자리에 들자마자 가뭄에 단비 내리는 소리가 들렸다. 신랑은 벌떡 일어나 도롱이를 챙겨 입고 온다 간다 말도 없이 그냥 산 넘고 들을 지나 단숨에 그 먼 길을 달려 주인의 논도랑을 막아 물을 찰랑찰랑 고이게 하고서 다시 먼 길을 달려와 신혼 방에 들어가 잤다.

주인아주머니는 머슴을 장가보내느라 피곤하여 밤새 골아 떨어졌다가 아침에 일어나서야 비온 것을 알고 서둘러 논으로 갔다. 그런데 주인아주머니의 논에만 물을 찰랑거리고 있었다. 누가 논에 물을 잡아 놓았을까? 알쏭달쏭하였다.

가을 추수가 되니, 다른 집보다 주인 집 벼농사는 훨씬 풍작을 맞았다. 주인아주머니는 이 일을 이상히 생각하여 오다가 세월이 흘러 우연히 머슴의 아내로부터 신혼 첫날밤 이야기를 듣게 되었다. 머슴은 이자까지 후하게 세경을 받아 행복하게 살았다 한다."

37. 이어서 말씀하시기를 "옛적에 부잣집에서 여러 명의 머슴을 부리고 있었다. 주인이 어느 날 하루 일과가 끝난 후 머슴들을 불러 모으고 말했다.

'오늘 저녁에 모두 새끼줄을 꼬아라.'

주인의 말에 머슴들은 불만이었다. 저녁에 사랑방에 모여 새끼를 꼬는데 꼬기 싫어서 조금씩 꼬고 말았다. 그러나 머슴 중에 성실한 한 사람은 다른 사람들이야 어떻든 상관하지 않고 새끼를 많이 꼬았다.

이튿날 주인이 머슴들에게 자신이 꼰 새끼줄을 가져오라고 했다. 그리고 자신이 꼰 새끼대로 엽전을 꿰어 각자 가지고 가라 했다. 성실하게 새끼를 많이 꼰 머슴은 새끼줄대로 엽전을 꿰어 부자가 되었다."

(원기37년 5월 28일)

제2편

원기37년도 법문 2

대종사님께서는

이 우주의

상생상극의 진리 가운데

상생의 도를 발견하시어

우리가 사은의 은혜를 입고 사는 것을

말씀해 주시고,

우리로 하여금

사은의 지중한 은혜를

알게 해주신 것이다.

1. 감정 받는 학문

정산종사 야회에서 말씀하시기를 "한 학생이 와서 사회학을 배우고 보니 이기심이 발하여진다고 하더라. 여러분은 어떤 감상이 나는가!

부처님은 이기심이 없이 오직 공익심으로 활동하시므로 인과의 진리로서 중인(衆人)이 부처님을 드러내고 높인다.

과학은 도학의 바른 비판을 받은 학문이어야 한다. 만일 감정을 받지 못한 학문은 참 학설이 아니다. 사람이 이기주의로써 사회주의를 말하고 이기주의로써 부처를 말한다. 어찌 크게 위착(違錯)됨이 아니리요." (원기37년 6월 4일)

2. 실지 공부인

정산종사 말씀하시기를 "형식공부보다도 실지공부를 하는 공부인이 되라." (원기37년 6월 11일)

3. 부모은중경 보설

예회에서 서병재의 부모은중경(父母恩重經)에 대한 강연이 끝난 후 정산종사 보설하시기를 "효행(孝行)은 일백 행실의 근본이요, 일체 보은의 근본이다.

토인과 목인의 문답 중에 나무는 포박사해(捕縛四海)하여 표류(漂流)한다 하였는데 이 세상에서 제일 불쌍한 사람은 사해(四海)에 표류(漂流)하여 의지할 곳 없는 사람이다.

공부인의 수양 정도를 먼지, 낙엽, 나무, 태산교악의 순서로 나눠 볼 수 있다. 짐승도 하루살이나 새같이 작은 동물은 태풍이 불면 날려 죽는다. 태풍이 불면 대밭에서 새가 견디지 못하고 떨어져 죽는다. 태풍 후에 대나무밭에 가서 새를 반 가마니나 주워 냈다는 말을 들었다. 이와 같이 조류는 풍우(風雨)를 감내하지 못하듯이 사람 마음도 근기 따라 인간사회의 파도를 당할 때 감내하지 못하고 날린다. 술 바람, 재물 바람, 잡기 바람, 권리 바람, 명예 바람 등에 날려서 본심을 잊어버린다는 뜻이다. 역풍인 사회풍에도 대학풍에도 외식풍에도 날린다. 이와 같이 세상풍조에 아니 날릴 사람이 거의 없다.

목표를 사회주의에 세워 놓고 민족주의로 출발해야 한다. 그런데 사회주의라 하여 부모도 잃어버리고 처자도 잃어버리고 덤빈다는 것은 사회주의 풍에 날린 것이다. 난리풍에도 흔들리지 아니해야 한다. 그러자면 신(信)이 있어야 한다. 신(信)은 금생의 지침뿐만 아니라 영생의 지침이 되어 악도(惡道)를 벗어나게 한다.

여러분은 천하 대풍이 불어도 흔들리지 않는 신근을 세우는 데 오직 공력을 들여, 수양 연구 취사로 마음의 힘을 세우는 사람이 되라. 그리하고 보면 참으로 자유스러운 영생을 살 수 있다."

(원기37년 6월 22일)

4. 제일 불쌍한 사람

정산종사 야회에서 말씀하시기를 "이 세상에서 제일 불쌍한 사람은 어떤 사람인가. 이 세상에서 제일 불쌍한 사람은 사견(邪見)을 가진 자 즉, 옳은 법 바른 법을 믿지 않는 자이다. 비록 죄가 있다 할지라도 정견(正見)을 가진 자는 구원을 받게 되나, 그렇지 않는 자는 설사 죄가 경한 것 같아도 죄고(罪苦)의 길로 들어가게 된다.

'내가 혹 사견(邪見)에 집착하여 공부심이 뒤떨어지고 있지 않는가!' 항상 반성을 거듭하라.

대종사님께서 '누가 참 나를 알 것인가?' 하신 말씀이 지금에 와서 더욱 당연함을 느낀다. 참으로 믿는 마음이 있어야 한 가지 일이라도 금옥같이 알아서 실행에 옮기게 된다. 신(信)이 철저하면 복종도 되고, 환희심도 나고 탄복도 되는 것이다. 철저한 신앙, 철저한 공부, 철저한 실행에 성의(誠意)가 있는 사람이 참으로 대종사님을 믿고 아는 사람이다.

중국의 한산과 습득스님 이야기가 있다.

한산과 습득이 소를 끌어들여 역대 스님 이름을 불러내니 소가 이쪽저쪽으로 가더란다. 촛불을 들고 다녀서 왜 그러느냐 물으니, '마음이 어둔 사람이 많아서 그런다' 고 하고, 또 빗자루로 쓸고 다녀서 왜 그러느냐 물으니 '중생들의 악업을 다 쓸고 다니느라 그런다' 고 하였다. 그 이야기를 퍼뜨리니, 한산과 습득은 '천기를 누설한다' 고 바위 속으로 숨어버렸다고 한다.

성현의 말씀과 대종사님의 교훈과 인과보응의 진리를 대수롭지 않게 알아가지고 정견(正見)을 못하는 자는 갈수록 선연(善緣)과는 멀어지고 중생이 된다. 거짓말도 성자(聖者)를 믿지 않는 데에서 나온다."

(원기37년 6월 25일)

5. 무엇으로 인과를 믿는가

정산종사 야회에서 말씀하시기를 "무엇으로 인과를 믿는가! 과거에는 인과의 내역을 하나하나 믿어 왔으나 지금은 무엇을 믿을 것인가!

지금은 그 원리를 믿어야 한다. 불생불멸(不生不滅)의 원리(原理)는 체(體)요, 인과의 원리는 용(用)이다. 이 두 가지를 모르는 사람은 진리를 모르는 사람이다.

현생의 인과는 이해하기 쉽다. 그러나 과거 · 현재 · 미래를 통하여 놓고 남모르게 짓고 받는 은현(隱現)이 둘이 아닌 진리를 확실히 알아야 한다." (원기37년 7월 2일)

6. 승패는 최후 5분

정산종사 야회에서 말씀하시기를 "일본의 한 지휘관이 '전쟁의 승패는 최후 5분에 있다'는 표어를 내걸고 러시아와 싸워 이겼다 한다. 우리의 공부도 최후의 1분까지 노력을 들이대느냐 못 들이대느냐에 성공이 되고 실패가 되는 것이다. 계문, 욕심, 화내는 것 등도 찰나간(刹那間)을 참지 못하고 터지게 되어 버린다. 최후까지 참아야 다 참는 사람이며, 공부도 최후까지 방심치 않는데 성공이 있다.

수도하는 한 스님이 진심(瞋心)을 많이 내고 살더니, 산속 나무 밑에나 가면 진심을 안 낼까 싶어서, 산속 나무 밑에 가 앉아서 수도를 하였는데, 명을 마칠 즈음 솔잎이 떨어지는지라 불현듯 진심이 난 후 죽어서 독사가 되었다고 한다.

다 쑨 죽에 코 빠진 이야기나 메밀죽과 스님의 이야기와 같이 되지 않으려면, 여러분은 부처님 될 때까지 찰나간이라도 방심 말고 끝까지 힘쓸지어다.

절개 있는 학자가 너무 가난하여 피눈물을 흘리다가 8년간의 절개를 버리고 경상감사로 3개월 호사를 하였으나 불행하게 역적으로 몰리어 죽었다 한다. 이와 같이 평생에 지켜온 마음도 찰나간에 먹은 감정으로서 그 절개가 변하며 다년간의 지기(知己)와도 한때의 감정으로 원수가 되고 마는 것이다. 영생과 무량겁을 통하여 복을 누리려면 찰나간을 조심해야 한다.

여러분은 한때의 자만심으로 영생을 그르치는 이치를 알라. 좋은 사람이 되려면 끝까지 중단치 말고 찰나찰나를 조심하여 천하만사가 다 좋은 결과를 내는 사람이 되기를 바란다." (원기37년 7월 6일)

7. 불락인과 불매인과

정산종사 야회에서 말씀하시기를 "세상이 어두우면 이기심이 발달하고 세상이 밝아오면 공익심이 발달한다. 세상이 발달될수록 인과의 원리를 알게 되어, 가는 것이 곧 오는 것이 되는 이치를 알게 되고 깨치게 되어 공을 위하는 것이 나를 위하는 것임을 알게 된다. 동물은 약육강식이다. 그것은 목전지사(目前之事)에만 끌려 인과를 모르게 되고 이기심을 주장하는 소치이다.

옛적에 '선수자(先修者)는 불락인과(不洛因果)인가?' 라고 묻기에 '불락인과' 라 대답하여 자신이 여우 보를 받았다고 하는 문하인이 백장선사를 찾아와서 부탁하기를 '내 이제 그 이치를 알았으니 나에게 그 물음을 다시 물어 봐 주시겠소?' 하거늘 백장선사 흔쾌히 허락하며 묻기를 '그럼 내가 다시 너에게 물으리라. 선수자는 불락

인과인가?' 문하인이 자신 있게 말하기를 '불매인과(不昧因果)라' 답하여 오백생의 여우보를 벗었다고 한다." (원기37년 7월 9일)

8. 기운이 통해야

정산종사 야회에서 말씀하시기를 "강증산 선생의 문집을 보니 동남풍을 40일간 불려야 동양의 진정한 평화가 오리라 하였는데, 1개월쯤 불다가 바람이 그치므로 이상히 여겨 그 연유를 알아보니 어떤 여인이 자기의 병을 낫어 준다는 약속을 지키지 않았다고 강증산 선생을 원망하고 있었기 때문에 기운이 막혀서 그렇게 된 것이었다. 이에 즉시 그 여인의 병을 고쳐 주고 와서야 바람이 40일간 그치지 않고 잘 불었다 한다.

요사이도 비가 귀한데 가뭄이 드는 이유를 생각하니, 각자의 마음이 서로 통하지 못하고 막힌 탓이다. 수화(水火)의 음양(陰陽) 기운(氣運)이 화합(和合)이 되어야 비가 오는 것이니, 우선 우리 구내에서라도 서로서로 상대방의 사정을 이해하고 통하여야 할 것이다. 우주의 기운은 인간의 마음과 상통이 된다.

옛날에 중국에서도 우순풍조(雨順風調)하고 시화연풍(時和年豊)하므로 '그 나라에 성자가 있으리라' 고 타국에서 만나보러 왔다는 이야기가 이것이다. 그러므로 인간의 마음이 우주의 마음이요, 우주의 마음이 곧 인간의 마음이다." (원기37년 7월 23일)

9. 시방세계를 휘두를 진언

예회에서 이완철의 강연이 끝난 후 정산종사 말씀하시기를 "성가를 일종의 노래로 알면 안 된다. 그 속에 진리가 있다. 또 시간도 지났으나 까닭이 있어 오늘 내가 여러분께 특별히 말씀드리려고 하는 것이다.

이 우주 산하대지를 능히 휘두를 만한 큰 진언(眞言)을 말하고자 하니 정신을 차려 잘 들어라.

이 우주에는 음양(陰陽)의 도가 있으니 이것은 오행(五行) 즉, 수화금목토(水火金木土)로서 서로 이리저리 합해져서 상생상극(相生相剋)의 도를 이루고 있다. 그러면 이 상생상극이 서로 다른 두 가지냐 하면 그렇지 않다. 오행으로서 좋게 합치면 상생으로 나타나고, 나쁘게 합하면 상극의 결과를 이루게 되는 것이다. 그 원인을 추구해보면 한 진리 아래 오행이 들어서 능히 상생의 도를 만들 수 있고 상극의 도를 만드는 것이다.

그와 같이 우리 중생도 선심으로 화하면 부처님이 될 수 있고 악심으로 화하면 범부가 되는 것이다. 부처와 중생이 둘이 아니다. 곧 사람 하나가 들어서 좋은 대로 화하면 좋게 되고 나쁜 대로 화하면 나쁘게 되는 것이니, 본래 좋고 나쁜 사람이 따로 있는 것이 아니다.

대종사님께서는 이 우주의 상생상극의 진리 가운데 상생의 도를 발견하시어 우리가 사은의 은혜를 입고 사는 것을 말씀해 주시고,

우리로 하여금 사은의 지중한 은혜를 알게 해주신 것이다. 만일 이와 반대로 그 은혜를 발견하는 상생의 도를 가르쳐 주시지 않고 상극의 도를 가르쳐 주셨다면, 우리는 원수로써 모든 것을 대하게 될 것이다. 이와 같이 우주의 진리도 사람의 해석 여하에 따라 다르다.

우리가 상생의 이치를 알아서 그대로 행하면 근본에 은혜가 있는 동시에 자연히 복만 내리게 된다. 진리는 마음의 행동여하에 따라서 죄복을 주게 되는 것이다. 또한 같은 말이라도 악으로 해석하면 악으로 화하고, 선으로 해석하면 얼마든지 선으로 화하게 된다. 같은 말이라도 악으로 화하게 되는 까닭은 상극의 도를 발견하기 때문이다.

전 연사(이완철)의 말과 같이 요즘 비가 오지 않는 것은 각자 개인의 마음 가운데 이기주의가 성하여 자기밖에는 모르고 자기만 잘되면 그만이기 때문에 서로서로 기운이 통하지 못하고 천지의 기운까지 통하지 못하게 되어 비가 오지 않는 것이다. 사람의 마음 가운데 탐 · 진 · 치 없는 사람이 어디 있겠는가! 오직 수양을 해야 한다.

탐진치 역시 우주와 통하나니, 즉 탐(貪)은 수(水)요, 진(瞋)은 화(火)요, 치(痴)는 풍(風)이다. 이 기운이 서로 통하도록 서로 합해야 비가 오는 것이다. 상생상극이 둘 아닌 하나인 것 같이 개인이 곧 천지요 천지가 곧 개인이다. 국가와 개인이 서로 합한다면 이때에 이렇게 가물게 되지 않을 것이다. 또한 기도를 올리는 것은 비를 사람의 능력으로 내리게 할 수 없으니, 먼저 기운을 합하기 위해서 진리 전에 기도를 하는 것이다.

우주의 순환이나, 사람의 마음 가운데 일어나는 희로애락이나, 천지의 풍운우로상설이나, 조석변천(朝夕變遷)이나 또는 천지의 성주괴공(成住壞空)과 인간의 희로애락도 모두 이 마음 하나가 들어서 능히 이루게 되는 것이요, 천지의 풍운우로상설도 천지 하나가 들어서 구름도 일고 바람도 일도록 하는 것이다. 사시순환이나 성주괴공도 다 묘한 진리가 들어서 그와 같이 변화시키는 것이다. 이 우주에 만법귀일의 진리가 엄연하지 않은가! 땅위에 넘어진 사람은 도로 땅을 짚고 일어나는 것이다.

사람이 곧 천지요 천지가 곧 사람이어서 천지와 사람이 둘이 아니다. 또는 좋았다가 낮았다 하는 고락 등이 다 한 진리에 기인(起因)한 것이다.

여러분은 천지의 이 우연한 진리를 알아서 대종사님의 상생대도가 얼마나 큰 도이며, 이 세상을 제도하는 대도인가를 믿는 동시에, 이 우주 산하대지 시방세계를 능히 휘두를만한 진언(眞言)임을 깨달을지어다." (원기37년 7월 27일)

10. 네 가지 어려운 것

정산종사 예회에서 말씀하시기를 "연전에 대종사님께서 봉래정사에 계실 때에 법설을 하시며 대중에게 물으시기를 '어찌하여 등잔불이 위는 밝으나 밑은 어두운지 말하여 보라' 하시니 한 제자 대답하기를 '자기 자신의 시비는 모르고 타인의 시비만 밝히는 것이 그 등잔 밑이 어두운 것과 같습니다.' 고 한 것과 같이, 사람사람이 다 제 자신에 가려서 제 시비는 모르고 다른 사람의 시비만 눈에 띄고 잘 안다는 것이다. 즉 자기라는 상(相)에 가려서 타인의 시비만 눈에 띈다는 것이다.

부처님께서도 면치 못한 네 가지 어려운 것이 있다고 하셨다.

첫째는 부모가 자식에 대한 마음같이 먼저 자식이 부모를 섬기기 어려운 것이요,

둘째는 윗사람이 아랫사람에게 베푸는 마음으로 먼저 아랫사람이 웃어른에게 베풀기 어려운 것이요,

셋째는 형이 아우를 생각하는 마음으로 먼저 아우가 형을 섬기기 어려운 것이요,

넷째는 동지에게 구하는 마음으로서 먼저 저 사람에게 베풀기 어려운 것이다.

동지 여러분은 부처님께서 말씀하신 것에 능한가 능하지 못한가? 세상 일이란 다 그렇다. 자식이 부모 생각하는 마음은 아무리 정성스럽다 하여도, 부모가 자식을 생각하는 마음에 가히 비하지 못할 것이다. 저쪽에서 요구하는 마음을 내가 먼저 베풀기 어려운 일이나, 저쪽의 마음 역시 어려움을 알아 내가 마음을 돌리고 내가 먼저 저 사람에게 베풀라."

11. 이어서 말씀하시기를 "김동거사와 여동빈의 이야기가 있다.

김동거사와 여동빈은 서로 친구 사이였는데, 여동빈이 자기가 학자임을 자부하며 계급차별로 김동거사를 업신여겼다. 그래서 김동거사는 그 여동빈의 아만심을 늘 걱정하였다.

하루는 김동거사가 여동빈에게 가서 좋은 산이 있으니 놀러가자고 청하였다. 그러자 여동빈은 찬성하고 바로 가자고 하였다. 한참 가니 들꽃이 만발하여 아주 경치가 좋은 곳에 다다랐다. 그곳에서 둘이 실컷 놀다가 보니 해가 저물었다. 이 산은 층암절벽이라 아래는 바다요 갈 길은 아득하였다.

김동거사 하는 말이 '내가 가서 배를 한척 청하여 오리다' 하고는 나뭇잎을 타고 둥실둥실 떠가는 것이었다. 홀로 남은 여동빈은 덜컥 겁이 났다. '어찌 나를 혼자 두고 가느냐! 괘씸하다' 고 호령호령하여 보았으나 김동거사는 모른 척하고 아무 말 없이 자꾸 간다. 여동빈이 이번에는 '대사 대사 나 좀 태워 주소' 하고 애걸하여 보았으나 김동거사는 더욱 모르는 척 하고 가는 것이 아닌가! 그러니 여동빈은 정신이 없어 '대사님 대사님! 날 좀 태워 주시오' 하다가 '아저씨 아저씨' 하다가 그래도 안 되겠다 싶어 '아버지 아버지' 하고 목청껏 불러댔다.

이때 집안에서 사람들이 가만히 들으니, 사랑에서 '아저씨 아저씨' 했다가 또 '아버지 아버지' 했다가 야단법석을 하는지라 가만히 다가가 문틈으로 보니, 여동빈은 낮잠을 자면서 꿈속에서 헤매고 있었다. 집안사람들은 놀래어 방에 들어가서 '왜 이러십니까?' 흔들어 깨우니, 그때야 정신이 들어 주위를 둘러보니 그것이 한 꿈이었다.

여동빈은 이상히 여겨 바로 김동거사를 찾아가 꿈이야기를 하고 그 뜻을 물었다. 김동거사 답하기를 '당신이 아상(我相)이 많아서 산이 높아 보였고, 욕심이 많아서 욕심(慾心)바다로 빠져 들어간 것이다. 고로 당신이 아상산(我相山)을 없애고 욕심바다를 건너면 후일에 훌륭한 사람이 될 것' 이라 하였다. 여동빈은 김동거사의 제자가 되어 정진하여 후일에 훌륭한 도인이 되었다고 한다.

이와 같이 모든 사람이 제가 잘 나고, 저 혼자 똑똑하고, 세상을 저 혼자만 난체하니, 오늘 말한 이야기의 강령은 아상산을 없애고, 욕심바다를 건너라는 것이다." (원기37년 8월 10일)

12. 후천의 기운을 받아야

정산종사 야회에서 말씀하시기를 "요사이 일기가 대단히 더워서 사람들도 견디기 어려울 만큼 무덥다. 그러나 지금은 이미 삼복(三伏)도 지나서 땅속에서는 점점 서늘한 기운이 돌고 있다. 그러면 이 복(伏)이란 글자는 무슨 뜻이냐 하면 엎드릴 복(伏)자로서, 지금 양기(陽氣)는 허공에 떠 있고 서늘한 음기(陰氣)는 땅속에 엎드려 있어 양기의 세력에 눌리고 있다고 해서 복(伏)이라 한다.

이와 같이 세상은 지금 선천(先天)기운은 점점 약해지고 후천(後天)의 세상이 돌아오려는 사이에 있어 선천의 묵은 기운과 후천의 새 기운이 교환하는 때이다. 그러므로 시절로 말하면 가을에 단풍이 들어 곧 서리만 오면 떨어지려는 때와 같다.

선천기운을 가지고 있는 사람은 서리만 오면 또는 바람만 불면 떨어지려는 단풍과 같아서 아무 근거 없이 자행자지하여 자기의 양심에 위반되는 일을 하면서도 '양심이 무엇이냐, 양심에 맞는 행을 안 하면 어떠냐.' 하여 자행자지의 행을 하는 사람은 선천기운의 소유자이다.

후천의 마음을 가진 사람은 '내가 어찌 양심을 속일 수 있느냐, 진리를 어기는 행을 어찌 할 수 있느냐' 하며 자기 양심에 비추어 거리낌이 없는 행을 하는 사람은 후천기운의 소유자이다. 이 사람은 나무 잎과 나무 사이의 기운이 딱 붙어 떨어지지 않는 것과 같다 할 것이다.

가을에 단풍이 들면 왜 떨어지는 것은 그 잎이 나무에 붙어 있을 만한 힘이 없기 때문이다.

우리의 신앙심이 죽어도 변치 않을 철저한 신앙심과 내 마음이 천만 난경에 봉착한다 하더라도 신앙심이 변치 않으며, 공부심이 퇴전하지 않는 사람은 곧 후천도수의 마음을 지녔다 할 것이다. 다시 말하면 진리와 나, 법과 나, 양심과 내가 절대로 어떠한 일이 있더라도 떨어지지 않는 사람은 곧 후천의 사람이며 떨어지지 않는 나뭇잎과 같이 튼튼한 사람이다.

지금의 시기는 선천기운의 소유자는 낙엽과 같이 다 떨어져 버리고 오직 후천도수가 돌아오는 때이다. 후천 기운의 소유자라야만이 떨어지지 않고 튼튼하게 살아갈 수 있다. 앞으로 선천도수의 세상은 삼사 년에 불과하고 곧 후천도수의 밝은 세상이 돌아올 것이다.

여러분은 지금 마음 가운데 선천의 기운이 갊아 있는가? 후천의 기운이 갊아 있는가, 그렇지 않으면 선천 후천의 기운이 각각 반씩인가 생각하여 보라. 오늘 이 말이 한낱 야회에 말하는 보통이야기로 알아서는 안 된다.

참으로 지내보라. 틀림없는 새싹, 새 생명이 싹트는 후천의 세상이 반드시 올 것이다. 참으로 공부를 잘하여 하루를 살아도 책임을 완수하는 자가 되라. 이 세상이란 잠시도 가만히 있지 않고 계속 변하여 간다. 만일 후인들이 역사를 배울 때에는 도리어 이때 사람들의 마음을 이상히 여길 것이다. 두고 보라. 세상은 점점 밝아지며 드디어는 후천의 세상, 도의적이고 양심적인 세상이 얼마 안 되어 곧 온다. 앞으로는 대통령, 읍장, 면장 등도 대중의 신망을 얻는 자가 당선될 것이다.

고목에 꽃이 핀다는 말을 비유하면 진리에 맞는 행을 하는 사람은 선천시대 속에서도 새싹이 핀 사람으로 후천의 기운을 받는 것이다." (원기37년 8월 13일)

13. 육도세계

정산종사 말씀하시기를 "우리나라의 국토를 북쪽의 백두산으로

부터 남쪽의 한라산까지를 잡는다고 한다. 육도세계(六途世界) 중에서도 제일 최고의 높은 경계와 최저의 경계선이 있으니 그곳은 어디 어디인가? 최고는 천도(天道)요 최저는 지옥(地獄)이다.

대종사님께서도 육도사생(六途四生)을 말씀하셨다. 그러면 어떤 사람은 천도(天道)에 나게 되고 어떤 사람은 지옥에 나게 되는가? 부처님의 말씀을 하나하나 잘 들으라.

이 세계는 어디로부터 벌어졌는가. 그것은 우리 마음의 차별심으로 부터 나열된 것이다. 그 마음으로부터 수행함으로서 부처님의 경지에 도달하며 닦지 아니함으로서 중생이 되며, 또 선을 행함으로서 낙을 수용 하게 되는 것이요, 악을 행함으로서 고를 받게 되는 것이다. 다 마음하나 좇아 부처와 중생이 이루어진다.

천도(天道)란 모든 경계를 초월하여 천만경계에 끌리지 않는 것이다. 고 가운데도 낙을 발견하여야 능히 고를 초월하여 천도에 갈 것이요, 또한 고락뿐만 아니라 증애(憎愛)에도 끌리지 않으면 천도에 갈 종자이다. 자연의 진리가 다 순리자연으로 순환하고 있으니 우리가 이 진리, 이 천지의 대도를 본받아 양성하여야 천도에 오르는 사람이다. 우리의 마음 가운데 천도와 지옥 중 어떠한 것이 커 나오는가? 잘 알아서 천도가 싹터 나오게 하여야 무한한 세상에 참으로 복을 받게 될 것이다.

인도(人道)란 고락이 상반(相半)하여 능히 선도할 만하고 능히 악도할 만해서 고도 능히 잘 넘어 가서 해탈할 만한 한계가 인도이다. 그러므로 우리의 마음 가운데 '선의 중량이 무거운가, 악의 중량이 무거운가?' 하는 것을 조사하여 선의 중량을 무겁게 하여야 할 것은 당연한 일이다. 체면을 챙기고 예의염치를 챙겨서 마음을 사용한 자가 인도에 있는 자라 하겠다. 예의염치를 떠나지 않고 잘 지킨 사람은 악도에 떨어지지 않는다. 인도는 위로 향상하느냐 밑으로 떨어지느냐 하는 기로에 있어서 잘하면 얼마든지 좋게 되고 자칫하면 떨어지는 중요한 단계이다.

축생(畜生)이란 예의염치를 잃어버린 세계이다. 저 짐승들을 보아라. 무슨 예의와 염치가 있는가? 예의염치가 없는 우치한 마음, 이것이 축생보의 세계이다.

수라(修羅)란 귀신의 세계이다. 모든 것을 다 쓸데없다고 하는 자는 수라보이다. 그저 일생 먹고 죽어버리면 그만이라고 하여 아무것도 하지 않고 살기 때문에 그 사람의 일생에 무슨 업적이 있을 것인가? 그러므로 육신을 받지 못하고 항상 공중 속에 쌓여 있다. 무기공(無記空)에 떨어진 자, 허망한 데 떨어진 자이다.

아귀(餓鬼)란 복은 짓지 않고 복을 바라는 자이다. 명예 재물 무엇이나 혼자 소유하고자 하여 허덕이는 자이다. 사람이 명예와 권력을 갖고 싶거든 먼저 그 내역을 알아서 자기가 노력을 해야지, 자기는 복 짓기를 싫어하고 어찌 명예를 바라며 권리를 얻을 것인가? 이와 같이 복 짓기는 싫어하고 복 받기는 좋아하는 자는 아귀보의 마음을 가진 자이다. 목은 실날 같이 가늘고 배는 장구통만하여 항상 걸걸하여 허덕이는 세계이다.

지옥(地獄)이란 진심(瞋心)이 근본이다. 항상 진심을 내어 부글부

글 속이 끓어 올라서 마음이 깜깜하다. 저의 주견이 옳다고 하거나 또는 저만 좋게 하려는 아상, 이것이 지옥 가는 종자이다. 그래서 자기밖에 모르기 때문에 깜깜하여 앞이 막힌다.

이와 같이 육도의 세계가 우리의 마음 가운데 건설되는 것이다. 그러므로 우리가 천도의 세계에 간 사람은 사람의 영(靈)이 천지의 기운에 합하여 착심이 없는 자이며, 아귀는 빈천하여 항상 굶주리는 자이고, 지옥은 깜깜한 땅 속에 사는 것 즉, 지렁이 등으로 항상 일광(日光)을 보지 못하고 깜깜한 땅 속에 산다.

우리는 마음으로부터 육도세계를 형성해 가는 이치를 알아서 천도에 오르도록 하며, 더 나아가 천도도 초월하여 육도세계를 자유자재 하자. 이 자유자재가 우리의 최고 희망처이며 목적지이다."

(원기37년 8월 24일)

14. 제일 밝은 귀와 눈

정산종사 야회에서 말씀하시기를 "이 세상에서 제일 귀 밝은 자는 어떠한 사람인가? 충고를 제일 잘 듣는 자이다. 이 세상에서 제일 눈 밝은 자는 어떠한 사람인가? 아상이 없는 자이다."

(원기37년 9월 10일)

15. 작은데서 시작되다

정산종사 예회에서 말씀하시기를 "유교에 격물치지(格物致知)라는 말이 있듯이 모든 사물을 볼 때, 무엇이 들어서 그렇게 되는가를 잘 살피라. 산과 지구도 보일락말락 한 티끌로 이루어지고 대해장강도 한 방울 한 방울의 물이 모여서 된 것이요, 대 성현도 오직 작은 선이 쌓이고 뭉쳐서 불보살이 되신 것이다.

중국의 한소열(漢昭烈, 중국 촉한의 제1대 황제 유비)이 죽음에 임해서 후주(後主)에게 가르치되 '선이 작다고 행하지 않으려 말고, 악이 작다고 행하려 하지 말라' 고 했다 한다.

요 근자에 와서는 적은 선에 힘쓰는 자가 적다. 과거에는 복숭아든 감이든 손을 대지 않는 것이 수양도량인 양 찬양하였는데 근자에는 단감 하나도 남은 나무가 없다. 그러니 어찌 수도 도량이라 하리요.

인구가 많고 복잡한 요사이 정가(定價)만 매겨놓은 가게가 있다고 한다. 남의 복숭아 따 먹는 것이 작은 것 같으나 이것이 큰 도적의 근원이 되나니, 오직 주의하라. 술도 한 잔 두 잔을 조심해야 많은 술에 실례를 안 하게 되는 것이다. 언제든지 작은 것을 쉽게 알아서는 안 된다.

야회, 예회 등도 소홀히 아니하고 중히 여기는 사람이 되어야 큰 공부인이 된다. 계문 등도 그와 같다. 살림하는 데에 있어서도 작은 곡식 하나를 귀하게 알아서 버리지 아니하여야 하며, 깨알 하나까지도 귀하게 알아야 한다. 팔구인 선배도 십전짜리 밥을 사 잡숫고 다니셨다. 집을 이루는 자식은 똥 아끼기를 금(金)같이 하고, 집 망하는 아들은 돈 쓰기를 물 쓰듯이 한다고 한다. 그러므로 사람이 수신을 할 때에는 언제든지 작은 일, 소소한 일을 무난히 알지 말라.

법을 듣는 데 있어서도 도덕이 아니고는 이 세상을 구제하지 못하나니, 이 법을 중히 여기는 사람이 많아야 법이 커나는 것이다. 지금은 법이 천(賤)하나 천한 것이 귀해지는 근본이다.

세상에서 수리조합의 방언을 막으라고 물자를 보냈는데 관리원이 다 팔아먹고 흙으로 막아서 탄로가 나고, 또 국민병의 식량을 없애 가지고 유망한 청년을 죽게 한 일이 있다. 강도짓을 하는 일 등도 반드시 그 시작은 작은 악(惡)으로 비롯된 것이다."

(원기37년 9월 14일)

16. 초의로써 수도에 힘쓰라

정산종사 말씀하시기를 "선조를 추모하는 성심(誠心)이 있어야 한다. 수도인은 일생을 초의(草衣)로 수도에 힘쓰라.

서원일념(誓願一念)하고 청정일심(淸淨一心)이다. 이욕발심(離慾發心) 왈(曰) 서원은 종자이요, 불착증애(不着憎愛) 왈(曰) 청정은 바탕이다. 이 지경이 해탈(解脫)이요, 대안심(大安心)의 지경이다.

부귀영화로 한 세상을 사는 것이란 술 먹고 취한 세상과 같은 것이니, 허망하기 짝이 없다. 돈도 허망하기 짝이 없는 것이고, 아무리 한 때 위급하다 할지라도 마음이 요동치 않는 것이 참 싹이요, 불보살의 싹이다.

도통(道通) - 도의 근본 - 불교(佛教)

법통(法通) - 인간의 시비이해 - 유교(儒教)

영통(靈通) - 신통묘술 - 선교(仙教, 도교)" (원기37년 9월 17일)

17. 복록줄과 수명줄

정산종사 말씀하시기를 "허공법계에 수명(壽命)줄과 복록(福祿)줄이 있다. 사람사람이 그만한 수명과 복록을 받을 만한 행을 하여야 한다. 그러려면 진리적 생활을 하여야 한다. 지남철과 전기가 서로 감응이 되듯이 우리도 복록의 기운을 흡수해야 한다. 그러면 어떻게 하여야 복록을 흡수하는가?

패가(敗家)한 집안을 유심히 볼 때 대대로 불효하고, 조상을 모르는 집이 많다. 반대로 조상에게 정성스럽고, 효심 있고 인륜을 밝히는 집은 반드시 향상이 있는 동시에 여진이 있다.

우리 수도인도 대종사님과 선배와 교중사가 머리에서 떠나지 아니하여 감사를 올리는 사람과, 원심(怨心)을 내어 지내며 선배도 모르고 대종사님도 모르고 저만 잘난 체하는 사람을 구별하여 각자가 생각하여 보라.

또한 기관을 운영하는 자도 언제든지 총부 전체를 연관하여야 한다. 떨어지면 잘 될 것 같으나 망하는 것이다. 총부 근처에 사는 사람들도 은연중에 도움도 받고 공부도 하고 의지도 하다가, 이해(利害)로서 교중과 상대가 되면 마음이 방심할 수 있나니 주의하라.

물도 근원이 있는 물과 없는 물이 잠깐은 같으나, 근원이 없는 물은 금세 말라 버린다. 교도도 연원계통이 통한 자는 안전하고 생방(生方)을 찾는다. 우주도 생방이 주가 되어 운행함으로써 영원히 사는 생기가 있다. 쓰러진 나무나 뿌리가 약한 나무는 오래 보전치 못한다. 그러니 가정 · 사회 · 국가가 다 근본 뿌리가 실(實)해야 한다.

대종사님께서 깨달으신 후에 석가모니 부처님에게 연원을 대고 삼계의 대권을 잡으시었다. 부처님은 독학일지언정 연원을 정광여래(錠光如來, 연등불)에게 대시었다. 예수님도 하나님에게 연원을 대시었다. 우리도 연원계통만 실하고 보면 마침내 우주의 대권을 잡게 된다.

우리 총부도 6 · 25 전쟁 시 교중(敎中)으로 마음이 쏠리고 뭉쳤기 때문에 허공의 기운을 흡수하게 되어 혜택을 받은 것이다.

한국인은 소극적이다. 대국인이 못되어 대의명분을 세우기 어렵다. 대중의 이해, 세계의 이해를 생각하고 개인의 이해는 생각지 말라. 방언공사 시 방천이 무너질 때 팔 구인이 막아낸 것은 대국적인 증거이고, 국가 세력의 다툼 등은 소극적인 증거이다. 우리 개인으로나 원불교 전체로나 항상 명분과 대의를 지켜야 한다."

(원기37년 10월 22일)

18. 까닭 있게 하라

정산종사 예회에서 말씀하시기를 "무엇이든지 의미와 곡절을 알 때는 지겹지 않으나, 취미가 없는 자는 몇 시간만 지나도 지겨울 것이다. 공부에 까닭을 잡는 자는 몇 시간을 들어도 더 들었으면 하는 생각이 날 것이다.

우리가 세상을 볼 때 제일 무서운 것은 무엇인가? 형상 있는 것이란 피할 수도 있고 변화시킬 수도 있다. 형상 없는 것이 제일 무서운 것이다. 산하 대지에 가을이 와서 낙엽이 되고 봄에 잎이 피는 것은 그 나무에 조화가 있는 것이 아니다. 그 근본 조화는 형상 없는 무형한 기운으로 말미암은 것이다.

생로병사도 자체가 마음대로 하는 것이 아니라 무형한 힘이기 때문에 왕후장상(王侯將相)도 항거 못하고 가게 되는 것이다. 또한 우주의 성주괴공도 지도권(指導權)이다. 지도권이란 무형한 형상 없는 기운의 명령에 의하여 변화할 따름이지 조금도 자유가 없다. 그러므로 만복(萬福)도 형상 없는 마음에 있다.

마음을 찾고 마음공부에 전력을 대라는 것인데도 불구하고, 의식주만 중요한 줄 알아 의식주에만 전력을 댈 줄은 알고 있으나, 그것을 마련하는 근본을 모르니 딱하기 짝이 없다. 무엇이든지 근본이 두려운 것이다.

한 철인(哲人)이 '죄 짓기 전이 무서운 것이라' 하였듯이 그 근본이 가장 무섭고 조심스런 것이다. 금강경에도 복덕성(福德性)이 되어야 한다고 했다.

전쟁의 근본도 오직 마음이다. 서로 이간하고 원수를 맺어 그것이 발전하고 발전하여 한없는 죄를 짓고 결국 전쟁에 이르게 된다. 복덕성은 서로 공심을 장려하고 화(和)하는 정신으로 진화되고, 무궁한 세상에 복을 짓게 하므로 서로서로 감사를 느끼고 발전이 된다.

개인 개인끼리 가정 가정끼리 사회 사회끼리 서로 감사와 은혜만 장려하고 넓히고 보면, 이 세상은 어떻게 될 것인가! 또 원수와 원망으로 이루어진 사회는 어떻게 될 것인가 생각하여 보라. 세계평화를 위하여 회의를 다섯 차례나 하고 몇 년을 끌고 나가나, 해결을 못 짓는 것은 오로지 각자의 마음에 간격이 있기 때문이다. 세계의 조그마한 구석에서 세계평화를 부르짖는 것이 외람된 것 같으나, 오직 여러분 마음 가운데 감사심을 가지고 남녀노소를 대하면 곧 평화는 실현될 것이다.

여러분이 아침 좌선할 때 모든 증애와 희로애락을 떠난 자리, 조촐하고 깨끗한 자리가 석가여래의 천상천하 유아독존(天上天下唯我獨尊)의 자리이다. 이 자리를 잘 보전하여 사용하여야 할 것이다."

(원기37년 10월 26일)

19. 천심(天心)

정산종사 야회에서 말씀하시기를 "어떤 사람 남편이 돈을 잘 벌어다 주니 날마다 고기를 사서 상에다가 항상 전골을 차려왔다. 남편은 고기가 날마다 올라오니 고기를 한번만 빨아먹고 질근질근 씹었다가 뱉어 버렸다. 부인이 지견이 있는 사람이라 아무리 자기 남편이지만 너무 한다 싶어 훗날 직업도 떨어지고 돈이 없을 때를 생각하여 그 한번 씹고 뱉은 고기를 깨끗이 씻어 말려 가지고 궁할 때 쓰려고 모아 두었다.

과연 얼마 못가 남편이 직업을 잃고 병이 났는데 고기가 얼마나 먹고 싶은지 속에서 병이 났다. 그러자 부인은 전에 말려서 모아 두었던 고기를 조금씩 꺼내 맛있게 끓여 상에 올렸다.

남편이 놀라서 '아니 여보! 내가 돈도 안 벌어 주는데 고기가 어디서 생겼소.'

'여보, 당신이 돈벌이가 잘 될 때 한번 씹고 버렸던 그 고기를 다 씻어 말려 두었다가 그것을 끓인 것이요.' 라고 말하자 그제서야 남편이 참회하였다고 한다."

이어서 말씀하시기를 "영광에 사는 영월 신씨가에는 5백여 년 동안 불씨를 담아 꺼치지 않고 이어온 화로가 가보로 전해지고 있다고 한다.

조상이 영광에 처음 터를 잡고 살기 시작하면서 자녀에게 불씨가 담긴 화로를 전하며 항상 불씨를 중히 간직하라는 당부를 하였다. 이 당부를 5백여 년간 자자손손 지켜서 오늘날까지 전해오고 있다.

신씨 집으로 시집온 맏며느리의 시집살이는 뭐니뭐니 해도 오뉴월 삼복에도 화롯불을 돌보는 일이었고 맏며느리로서 인정을 받으려면 화로의 권리권을 물려 받아야했다.

신씨가에서는 이 불씨를 조상 받들듯이 한다고 한다."

이어서 말씀하시기를 "살림을 하는 데에도 벼 하나 밥풀 하나 중히 여기는 사람이 곧 살림 잘하는 사람인 것이다. 곡식도 적은 것이 쌓여 큰 곡식이 되며 돈도 적은 돈이 모여 큰돈이 되는 것이다.

격언에 '집을 이루는 자식은 통도 아끼는 사람이요 집을 떠나는 자식은 돈을 물 쓰듯이 하는 사람이다.' 라는 말이 있다.

모든 소소한 일이라도 쉽게 알지 말라는 것이다."

정산종사 위의 예화들을 말씀하신 후 대중에게 물으시기를 "보통 세상 사람들이 말하기를 천진(天眞) 천심(天心)이라는 문자나 말을 쓰나니, 어찌 사람의 마음을 인심(人心)이라 인진(人眞)이라 아니하고 천심천진이라 하였는가?"

권동화 답하기를 "하늘과 사람의 마음이 하나이지 둘이 아닙니다."

말씀하시기를 "그렇다. 이 하늘과 우리 마음이 둘이 아닌 자리를 아는 사람이 되어야 진리를 두려워하는 자가 되지 모르는 자는 두려워할 줄도 모르고, 공력을 들일 줄도 모른다.

주(周)나라 무왕(武王)과 주공(主公)의 이야기에 주공이 백일기도 후 금등(金?)에 든 주역으로 점을 하였다 한다. 허공법계가 말이 없고 고요한 것이로되 어찌 그 사람의 마음을 하늘이 아는가? 주공만이 아니라 우리의 마음도 호리불차(毫釐不差)로 다 받게 되는 것이다. 착한 일에는 복이 돌아오고, 불량한 일에는 죄가 오는 것이 확실하다. 그리하여 '천불강 부작지복(天不降不作之福)이요, 인불수 부작지죄(人不受不作之罪)라' 고 하는 것이다.

이 세상에는 '내가 짓지 않은 복과 죄는 받지 않는다' 고 하는 신념이 서야 한다. 지남철과 전기의 힘과 같이, 고래와 짱아살이의 물들이키는 것과 같이, 인간의 복도 개인의 국(局)을 따라 죄와 복이 출입하게 된다.

한 사람이 '도의 교육 강령' 을 나에게 묻기에 '이 세상 사람이 인심에 들떠서 은혜와 근본을 모르는 자는 죄를 흡수하는 자이며, 보은과 보본의 정신에 집중한 자는 복을 흡수하는 자' 라 답하였다.

36년의 교단 일대(一代)를 마치면서 가만히 생각할 때, 대중이 공부 방향을 몰라 희망을 잃고 있을 때 사은(四恩) 등 교리를 알게 된 은혜를 생각하면 감사한 마음이 다시 없고, 고생 고생하여 은혜를 쌓아 천만년의 빛나는 조상이 되게 하여준 덕(德)을 생각하면 기막히게 감사하다.

고무공장을 다니며 학원 생활을 하고 유일학림이 이사를 하여 발전이 되어가는 즈음에 보본(報本)의 정성이 철두철미하여야 큰 복이 하늘에서 내리게 될 것이라 믿는다. 사은의 은혜, 대종사님의 은혜, 조상의 은혜, 선배의 은혜 등을 보본치 않고 부모도 모르고 선배도 모르고 처자나 좋아하면 아무 소용이 없는 자가 된다.

군함도 처음은 작은 어선으로 시작되었으니 처음 시작에 대하여 감사를 느껴야 하고 대학생도 농사에 종사하는 조부(祖父)의 혜택이니 조부의 은혜에 감사해야 한다." (원기37년 11월 8일)

20. 우주의 최존은 마음

정산종사 말씀하시기를 "법설은 듣는 사람에 따라 다르다. 들을 줄 아는 사람은 미친 사람의 한 마디 말에도 법을 삼는다.

우리가 이 세상에 살 때 신앙으로 보나, 철학으로 보나, 최귀최존(最貴最尊)한 자리는 어느 곳인가? 이 세상 전쟁기구가 처음에는 돌멩이로 싸우다가, 다음에는 칼을 만들어 싸우게 되고, 다음에는 총으로 싸웠는데, 근래에는 원자탄과 수소탄을 만들어 무서운 무기로 하게 되었다. 이보다 더 무서운 것은 무엇인가?

이 세상을 물질문명으로도 볼 때 그 지배하는 최고는 형상 없는 주인공이다. 변화시키는 주인공이 있어서 변화하는 물체를 지배하는 것이다. 공기 원자도 물체이기 때문에 찾을 수 있고 볼 수도 있고 말로 할 수 있고 분석할 수도 있다. 찾을 수도 없고 분석할 수도 없고 말할 수도 없는 자리가 이 우주를 총지배하는 권리를 잡았다. 그 자리는 어떠한 자리인가? 그것은 마음이다. 마음을 가만히 놓고 볼 때 과연 찾을 수 없고 분석할 수 없는 자리이다. 원자탄도 오직 이 마음에서 나온 것이 아닌가?

석가여래께서나 대종사님께서나 또는 잘난 사람, 못난 사람, 착하고, 악하고, 복 받고, 죄 받는 것이 모두 다 이 주인공이 들어서 만드는 것이다. 그러나 일체 우주만물의 근원이 이 마음임을 아는 자는 귀하다. 조물주는 각자에게 다 갊아 있다고 대종사님께서 말씀하신 것과 마찬가지로 이 조물주가 오직 최귀최존한 자리이다.

건물에 있어서나 바느질에 있어서나 그 사람의 기술 여하에 좋고 싫은 것이 있다. 각자가 부처를 만들고자 하는 자는 부처를, 예수를, 부귀를, 다남(多男)을 오직 다 각자의 조물주의 원(願)대로 만드는 것이다. 난세나 평화한 나라도 그 만드는 조물주는 바로 우리이기 때문에 그 권리는 우리에게 있다. 그러므로 난세를 당하여 고통을 받는 것도 다 자기가 짓고 받는 것이다.

좋은 단체, 나쁜 단체, 좋은 가정, 나쁜 가정, 좋은 몸, 낮은 몸 만드는 주인공과 조물주도 딴 것이 아니고 오직 마음이다. 마음공부에 적공을 쌓아 정성을 바쳐야 부처님과 공자님 같은 큰 인격을 이루는 것이다.

맹순이의 죽순과 왕생의 잉어가 엄동에 나온 것도 일심이 쌓였기 때문이다. 조석심고만 일심으로 철저하게 드리는 동시에 상생의 좋은 기운을 가지면, 후천의 기운을 받아 삿된 재앙이 물러가게 된다. 내 마음이 일심이 되고 보면 우주의 기운에 감응이 되고 변화를 일으킨다. 지남철에 쇠 붙는 것과 같고 태양기운이 얼음에 내리 쬘 때, 태양기운이 세고 얼음이 엷어야 잘 녹는 것과 같다.

'도기장존 사불입(道氣長存邪不入) 세간중인 부동귀(世間衆人不同歸)라' 도의 기운이 길이 함께 있어 사악함이 들어오지 못하네, 세상의 어리석은 뭇 사람들과 한 가지로 돌아가지 않으리라는 최수운 선생의 글 끝 귀에 하나 더하여 '일심청정 만사안(一心淸淨萬事安)이라' 한 마음이 청정하면 모든 일이 편안하다 라고하면 더 좋지 않겠는가!

이 우주의 최존 자리는 각자의 마음이요, 이 마음이 조물주이니 마음공부 잘하여 좋은 나 자신을 조성하기 바란다."

(원기37년 11월 16일)

21. 모든 것이 공부하기 위한 것

정산종사 야회에서 말씀하시기를 "요즘은 김장을 하네, 농사를 짓네, 한가할 사이 없이 언제든지 분망한 세월을 보낸다. 그것은 무엇을 하기 위함인가? 우리가 사는 것을 똘똘 뭉쳐 보면 모든 것이 다 공부하기 위해서다. 공부를 하려니 의식을 준비하게 되며, 나 하나 만이 아니라 여러 대중이 같이 극락에 가자니 그 원(願)으로서 일도 하고 사업도 하고 학교도 있다. 그러나 근본에 있어서는 마음공부 하나 잘하고 밝히자는 것이다. 혹 어떤 자는 가다가 근본을 잃어버리게 되는 수가 있다.

공부와 사업 쌍방이 둘이 아닌 심경으로 공부하는 자, 과연 몇 사람이나 될지 의문이다. 각자의 심중에 공부심의 대중을 잡아가는 어묵동정간(語默動靜間)에 공부가 성취되는 것이다. 그러므로 공부하는 대중을 놓으면 아무 소용 없다.

꽃에 향기가 따르듯이 공부할 줄 아는 자는 바쁜 가운데서도 향내가 난다. 왕후장상(王候將相)도 공부가 없고 보면 아무리 많은 일을 하여도 허망하기 짝이 없다."

22. 제도의 종류

한 사람이 여쭙기를 "제도(濟度)란 무엇입니까?"

정산종사 말씀하시기를 "제도도 여러 종류가 있다. 악에서 선으로, 고에서 낙으로, 미(迷)함에서 각(覺)으로 회향(回向)시키고 건네주는 것이 제도이다.

신(信)이 한번 발한 이상에는 자신 있게 천만경계가 들어온다 할지라도 그 마음을 굽히지 아니하는 것이 제도가 된 자요, 타인에게 그만한 신을 내게 만들었으면 또한 제도를 시킨 자이다.

어떻게 하여야 성인이며, 어떻게 하면 중생인가! 선악인과(善惡因果)에 미혹하지 않고, 자신 있게 장중(掌中)에 구슬같이 환히 나타나서 마음에 의심이 없는 자는 제도가 된 자요, 또한 그 진리를 여러 사람에게 알리는 지도자를 많이 양성하는 자 역시 제도를 시키는 자이다. 고락간에 안심을 하고 증애(憎愛)에 끌리지 않을 만한 심경이 된 자는 곧 수양이 된 사람이요 제도가 된 사람이요 제도를 시킨 사람이다.

여러분은 불퇴전의 신심과 미혹함이 없는 지혜와 고락증애에 끌리지 않는 수양심이 있어야 된다. 나를 먼저 제도하여야 남도 제도하게 된다. 우리는 이와 같이 되기 위하여 분망한 생활을 하는 것이다."

(원기37년 11월 26일)

23. 성불제중의 대원을 발하라

정산종사 이리 고등선원에 가시어 말씀하시기를 "법설이라 하니 책임을 느끼노라. 진리에 가서는 법설이 따로 있는 것이 아니요 산하대지가 다 법설을 설하고 있으며, 바람소리, 어린아이의 말, 세간인의 말도 다 법설이니, 법사로 알라. 그러므로 가권(家眷) 또는 동네의 무식한 사람까지도 다 법을 설하고 있음을 알아서 오직 그 가운데 뜻을 두고 머물러 공부하기 바란다.

옛 말씀에 삼난지신(三難之身)이라 했다. 사람됨이 귀하고, 대도회상을 만나 설법을 듣기가 어렵고, 회상을 만났다 할지라도 공부 잘하기가 어렵다는 것이다. 이 어려운 일을 돌파하여 성불제중의 대서원을 발하라. 눈비가 오고, 괴로움 속에서 끝까지 계속하기가 또한 어려운 것이기 때문에 도인이 귀하고 부처님이 귀하다. 한없는 세상에 귀와 복을 길이 누리시는 분은 도인과 부처님이다. 세상을 놓고 볼 때에 명예가 높고 권리가 있는 왕후장상(王侯將相)만으로 평화한 세상을 건설하는 것이 아니라, 부처님이 들어서 세상을 안락하게 만드는 것이다.

부처님은 마음을 깨치신 분이며, 그 마음을 잘 이용하여 실천하므로 일체중생을 불국(佛國)으로 인도 하시는 업적을 남기시었다. 서화담 선생이 금강산에 수도승이 없다고 근심하신 것이 이 뜻이다.

우리는 각자가 공부를 잘하는 동시에 이 사회 국가를 잘 재건하려는 용맹심을 가지고 불국(佛國)을 이루어 주기 바란다." (원기37년)

24. 연원과 계통을 세우라

정산종사 전무출신 기념일에 말씀하시기를 "세상에 아무리 좋은 보물일지라도 알아 주는 사람이 있어야 값이 있는 것이다. 옛날에 오금(烏金)을 해변에 있는 돌로만 알았는데 아는 자가 와서 삼천년 만에 나오는 보물인 오금(烏金)이라 하여 막대한 금액으로 사갔다고 한다. 아무리 좋은 법도 그 법을 알아 주는 사람이 있어야 가치가 있는 것이며, 부모의 영광도 자녀가 부모의 공로를 알아야 비로소 그 값이 나타나게 된다.

전무출신 기념식에 출석하는 사람이 적은 것은 아직도 정법의 가치를 모르는 연고이다. 우리 법을 좋게 알고 믿는 가운데 대종사님이 가장 거룩하고, 그 은혜를 흠모하는 정리(情理)가 더욱 간절하여지는 것이다.

물도 근원이 있는 물이라야 오래 가는 것과 같이 우리도 법의 근원인 대종사님 이하 선진들을 공경하는 머리에 면면밀밀(綿綿密密)로 이 회상이 발전되어 가는 것이다. 그러므로 우리는 항상 위에 연원하고 아래로 내리는 중간역할을 하는 사람이니, 앞으로도 행사기념에만 그치지 말고 연원과 계통을 세우는 데 힘쓰는 사람이 되라."

(원기37년 12월 26일)

25. 타고르의 말

정산종사 야회에서 말씀하시기를 "인도의 시성(詩聖) 타고르는 예언을 잘 하는 분이다. 타고르가 일본에 왔을 때 조선의 미래에 대하여 '조선 민족은 불행하다고 생각지 말라. 일본의 압박이 심할수록 진보가 있으리라' 말하였다 한다. 이 예언의 구절을 청년 측에서 당시 삼천 원이라는 거액을 주고 받아온 것은 그 말이 가치 있게 생각했기 때문이다.

이와 같이 우리 대종사님을 생불(生佛)로 알아야 일언일구(一言一句)가 다 기막힌 말씀으로 느껴지고, 일언일구가 금이나 은을 주고도 구할 수 없다는 생각을 가지게 되어야 금언옥설(金言玉說)로 들리는 것이다.

타고르의 시

일찍이 아시아의 황금시대에 하나의 등불이던 빛나는 조선
그 등불 다시 한 번 켜지는 날에 너는 세계의 빛이 되리라."

(원기37년 12월 31일)

26. 선후천 시대

정산종사 말씀하시기를 "선천시대는 부자살림 시대, 군주주의 시대로 살림판국이 좁았으며 개인주의 · 가정주의 · 국가주의에 그치

었다.

후천시대는 맏형과 동생들이 한 살림이며 민주주의 · 세계주의 · 공도주의이다." (원기37년)

27. 삼동윤리

정산종사 말씀하시기를 "종교는 동원도리(同源道理)로 종교 표준은 일원이다. 세상이 밝아질수록 각 종교는 진리로 통일할 수 있다(일원주의).

정치는 동척사업(同拓事業)으로 각자가 직업을 갖되 우주를 개척하며 세계 평화 위주의 활동으로서 오직 중정(中正)의 원리로써 정치를 통일 할 수 있다(사업통일, 중정주의).

도덕은 동기연계(同氣連契)로 천지를 부모 삼으면 만물과 육도사생이 다 형제이다. 형제의 윤리로써 촌촌이 화(和)하고 도우면 원수가 없다(민족통일, 인화주의)." (원기37년)

28. 해탈 · 대각 · 중도

정산종사 말씀하시기를 "해탈(解脫)은 생사거래를 자유로 하는 것이며 착심을 떼는 것이며, 자기 마음을 자기 마음대로 하는 것이다(민족통일을 실현).

대각(大覺)은 성품의 원리를 아는 것이며 만법귀일처(萬法歸一處)를 아는 것이다(종교통일을 실현).

중도(中道)는 마음을 쓰되 중정중도(中正中道)를 잡아 행하는 것이다(정치통일을 실현)." (원기37년)

제3편

원기38년도 법문

가을은 나무의 기운이

뿌리로 모이고 결실을 이룬다.

공기도 맑고

바람도 달도 동물도

모두 밝고 기운이 가라앉는다.

이와 더불어 천지도 열기가 가라앉고

깨끗한 가을을 정토(淨土)라 한다.

사람으로도

머리에 열기가 없고 정신이 가라앉아서

온전할 때가 정토이다.

1. 신년법설

정산종사 신년을 맞이하여 말씀하시기를 "근래에 학자들이 진리를 말할 때 상대성원리를 말하게 되나 우리는 주객(主客)의 이치와 인연(因緣)을 알아야 한다. 이 세상에 주(主)가 있어야 객(客)이 있으며 인(因)이 있어야 과(果)가 있다. 초목도 그 주인이 살고 있기 때문에 봄기운을 받아 잎도 나고 꽃도 피는 것이다. 복이 오고 좋은 결과를 거두고 성불을 하는 것도 다 주인공인 나의 연구가 있어야 되는 것이다.

부처님께서 견명성오도(見明星悟道)하신 것이나 대종사님께서 진리를 대오(大悟)하신 것도 오로지 연구를 거듭하며 공력을 들였기 때문에 마침내 그와 같은 서광을 발한 것이다.

송구영신(送舊迎新)도 그 사람의 마음에 따라 가치가 있는 것이지, 마음에 각성이 없는 자는 천만 번 송구영신을 한다 할지라도 진보가 없는 것이다. 그러므로 세월을 가치 있게 보내는 것과 무가치하게 보내게 되는 것이 오르지 주인공에게 매인 것이다.

불보살들은 삼라만상을 잘 이용하시고 시간을 가치 있게 활용하신 분이다. 여러분의 주인공은 복(福)을 탈 만한 일을 하고 있는가? 생각하여 보라.

복을 받고 지혜를 얻게 하는 것은 오직 그 주인공의 힘이니, 새해에는 마음공부 잘하여 힘을 얻고 서광(瑞光)이 비치는 부처님의 성지에 길이 살라."

(원기38년 1월 1일)

2. 정신을 잘 쉬는 것이 준비

정산종사, 교무 선 결제식에서 말씀하시기를 "사업에 실패한 사람이 부자에게 와서 돈 오백 냥을 빌려가거늘 부자의 아들이 보니 돈 꾸어간 첫날부터 고기를 많이 사서 먹는 데 이백 냥을 소비시키고 삼백 냥으로 장사를 하여 큰 이익을 남기더니 빌린 돈을 갚으러 오더라는 것이다.

아들이 아버지에게 묻기를 '아버지는 그 자가 어찌 갚을 줄 알고 선뜻 돈을 빌려 주셨으며, 또한 그자는 어찌 이백 냥은 그냥 먹어서 소비시켰을까요?' 하며 궁금해 했다.

아버지 답하기를 '처음에 돈 구하러 오는 기상이 참 활발하여 믿고 돈을 빌려준 것이며, 처음에 먹는 것으로 이백 냥 돈을 쓴 것은 얼굴이 좋아야 돈이 많이 따라 붙는 것이니 그리 하였으리라' 하더란다.

우리 사회도 일은 복잡하고 정신을 쉬지 못하면 세상 풍랑과 싸워갈 힘이 없는 것이다. 한 주일 선(禪)으로 말미암아 정신을 잘 쉬어주는 것이 곧 준비요, 돈 꾸어간 사람과 같은 사람이라 하겠다. 학력 있는 사람이라고 해서 세상을 지배하는 것이 아니요, 오히려 정신력 강한 사람이 육신의 힘이 센 사람을 지배하고 나가는 것이다. 세상을 지배하는 사람은 오직 삼대력을 갖춘 사람이다.

비행기도 만물의 이기(利器)라고 하나 오직 사람인 조종사가 주인이며, 육근도 오직 거느리는 마음이 주인이다. 그러므로 기관 중 최고기관은 마음이요, 가장 으뜸가는 공부는 마음공부이다. 그러니 여러분은 이 선중(禪中)에 정력(定力)과 원력(願力)을 많이 배양하였다가 복잡하고 다난한 세상을 잘 활용하는 사람이 되라."

(원기38년 1월 11일)

3. 자성관법

정산종사, 교무 선에서 말씀하시기를 "옛날 한 도인은 평생을 통하여 소학(小學)만 읽었다 한다. 그와 같이 우리도 지식만 함양할 뿐 아니라, 일상수행의 요법을 새기는데 있어서 실지 우리 각자의 실행에 대조하여 집중하여 보라.

여러분은 어떻게 자성의 정을 세워 가는가? 인도의 타고르 시인이 말하기를 '일본의 압박이 심할수록 조선 문명은 촉진된다' 고 한 말과 같이 경계 속에서 참 연마가 있어야 한다. 참된 공부인이라면 경계를 대할 때 괴롭다 고통스럽다 하지 말고 공부할 때가 돌아온 것을 알아서 연마에 노력할 것이다.

내 마음을 요란하지 않게 하여 자성의 정을 세우라 하였으니 어떻게 자성을 관하여 활용하는가? 자성관법(自性觀法)으로 물(物)구공, 경(境)구공이 되어야 한다. '생사가 없다. 내 마음도 생멸이 없는 것이며 고락 · 흥망성쇠 · 증애 · 역경 · 순경 등 변화가 무상하나, 원래는 변화가 없다' 하는 진리를 관할 것이요, 아공(我空)이란 마음의 희로애락 등이 다 공한 것이다.

조법사(肇法師, 後秦의 僧肇)는 명종시(命終時)에서 '사대원무실(四大元無實)이요 오온본래공(五蘊本來空)이라, 장두임백인(將頭臨白刃)하니 유여참춘풍(猶如斬春風)이로다.' 사대가 원래 없는 것이니 색수상행식이 모두 공인 것이라, 때가 되어 번뜩이는 칼에 목을 대니 내리치는 칼에 봄바람이 무참히 베이는구나라고 말했다.

인간의 부귀영화, 모든 명예 권리를 공(空)으로 보지 못할 때에는 그것이 없어지는 고통이 더욱 크다. 세상에서 고통을 주는 것은 '공덕천(功德天)과 흑음녀(黑陰女) 이야기' 와 같이 원인이 좋은 것에서 불란(不亂)도 오게 된다.

다음으로 마음이 공한 자가 되어야 즉, 오온(五蘊)이 공(空)한 심경이 되어야 생사(生死)의 공포(恐怖)가 없어지는 것이다.

제1의 관법은 글자의 첫줄과 같다. 천지가 변화무상한 것 같으나 본래 공인 것과 같이 우리 자성의 본래 자리도 무성무취(無聲無臭)한 자리인 것을 관하는 공부법으로 체(體)가 된다.

제2의 관법은 공한 가운데에서 묘하게 사시순환의 절차가 호리불차(毫釐不差)하고 소소영령(昭昭靈靈)하여 오직 바른 자리를 관하는 공부법으로 용(用)이 된다.

우리가 진리 가운데서 나서 살고 있으므로 그 진리대로 살아간다면 그 분이 진인(眞人)이요 부처이다.

성인미생전(聖人未生前)은 도재천지(道在天地)이요, 성인이생후(聖人已生後)는 도재성인(道在聖人)이요, 성인이멸후(聖人已滅後)

는 도재경전(道在經典)이라 했다.” (원기38년 1월 12일)

4. 무욕이기에 대욕

정산종사, 교무 선에서 말씀하시기를 “공부하는 것이 말은 쉬운 것이나 실행이 어려운 것이다. 옛날에 문장가를 희망한 자가 선생에게 폐백을 올리며 방법을 알고 싶어 하니, 선생이 “많이 읽고 많이 쓰라”고 일러 주었고, 그는 이대로 실행하여 결국 천하 문장가가 되었다 한다.

지혜가 밝아질수록 욕심은 적어진다. 지혜 어두운 자는 식욕에 끌리나, 지혜가 밝아 견지(見智)가 큰 사람은 작은 것에는 본동만동하게 된다. 즉 견지에 따라 욕심도 다르다. 그리하여 부처님은 지혜가 밝아지고 욕심이 크기 때문에 무욕(無慾)이다. 욕심이 없는 가운데 큰 욕심이 있다.

욕심이 없고 청렴하고 신용이 있는 사람이 되면 모든 것을 구하는데 헌거롭게 구하여진다. 그러므로 우리는 지혜를 많이 단련하고 밝혀서 도(道)를 알아 그 도(道)로서 모든 일을 구하여 가자.

부처님은 무욕(無慾)이기에 대욕(大慾)이며 성공(成功)한다. 부처님은 소아(小我)를 대아(大我)로 하고 범부는 유욕(有慾)이기에 소욕(小慾)이며, 그러므로 실패(失敗)한다.

세상 사람들은 어떻게 성공하는지 그 길을 모르기 때문에 아무리 허덕여도 구하지 못하고 결국은 실패에 돌아간다. 이는 어리석은 소치이다. 지혜를 밝혀서 도(道)를 알아 도(道)로써 만사(萬事)를 구하여야 헌거롭게 구하고 성공을 이룰 수 있다.

여러분도 공부도 하고 연마도 하고 성현의 서적도 많이 보아서 도(道)를 철저히 깨치는 데 힘써라."

5. 이어서 말씀하시기를 "국가적으로 그 많은 영웅들 가운데 충무공 이순신 장군을 특별히 숭배하는 것은 오직 억울한 입장에서도 충성한 마음과 이상 포부를 다 가슴에 품고 오직 안심하는 심경이었고, 빈손으로 여수 싸움에 대승리하였으되 마음에 여한이 없었으며, 또한 그 전승의 공을 이여송에게 돌렸기 때문에 이여송도 그를 숭배하는 심경이 되었고 만인이 지금까지도 그 덕(德)을 추모(追慕)하는 것이다. 그것은 오직 나라를 건지려는 일심(一心)에서 그러한 것이다.

우리도 오직 원불교를 위하는 일심, 원불교를 확장하는 일 외에는 없는 마음으로 죽으나 사나 이 사업과 발전을 위하여 생사를 바치려는 일심이 지극하였는가, 지극하지 못하였는가를 조사하여 보라.

우주공간에 진리를 철저히 믿는 마음을 가진다면 천만경계에 안심할 수 있다. 사람이 주는 상벌은 정확하다 할지라도 진리만큼 명백할 수 없다. 그러므로 천하 사람이 다 나를 원망하고 몰라준다 할지라도 오직 진리(眞理)로 표준삼아 마음에 안심을 구하고 자신력(自身力)을 배양하여 진리의 위력을 얻으라." (원기38년 1월 13일)

6. 일상수행의 요법 4조

정산종사, 교무 선에서 말씀하시기를 "오행(五行)에는 금목수화토(金木水火土)가 있고, 사람에게는 인의예지신(仁義禮智信)이 있다. 인의예지신 그 가운데 신(信)이 없으면 허사(虛事)이다.

신(信)에는 정신(正信)과 사신(邪信)이 있고, 정신(正信)에는 앙신(仰信) 해신(解信)이 있다.

분(忿)은 천명하고 촉진하는 것으로 제(齊)나라 정승 안자(晏子)의 종은 '대신은 누구고 나는 누구냐' 며 분발하여 종의 신분으로 정승의 반열에 올랐다.

의(疑)는 알려고 하는 머리에 의심이 생(生)한다. 일심(一心)으로 나가야 정성(精誠)이다.

불신(不信)은 믿지 않는 것이니 아는 것과 믿는 것이 다르다. 대종사님 말씀에 '너무 미련한 사람도 제도하기 어렵고 너무 겉 영리한 체하는 사람도 제도하기가 어렵다' 고 하시었다. 그러나 같은 값이면 겉 영리한 사람보다 미련한 사람이 낫다고 하셨다. 우리 배달민족은 영리한 사람들이지 어리석은 민족이 아니다. 태도 · 변론 · 외교 등이 외국 민족보다 뒤떨어지지 않건마는 각국에 뒤지는 원인이 무엇인가? 우리나라 경제 · 정치 · 문화 등이 외명내암(外明內暗)으로 밖으로는 밝으나 안으로는 어두운 소치이다.

경제생활도 외국인의 역량과 기술과 건설로 호사를 하니, 이것이 어두운 소치요, 정치에 있어서도 이론만 고상하고 실천이 없기 때문에 이는 안으로 어두운 소치이요, 문화도 바깥으로만 본(本)을 잘 따지지마는 근원(根源)이 부실하니 이 또한 안으로 어두운 소치이다.

실지(實地)를 잘 밝혀 실천 있는 자가 되어야 교화사업에도 성공이 오는 것이지, 발라맞추고 속이고 하는 것은 실패로 돌아가고 만다. 그러므로 여러분은 내외가 같고 거짓이 없는 자가 되라.

참으로 예리(銳利)한 사람은 한 마디에 척 대의(大義)를 짐작하여 신(信)이 서서 변화가 없게 된다. 여러분도 그와 같이 되든지 아주 멍청하면 '짚신세벌' 을 일심으로 외우다 깨친 사람과 같이 되어버리든지 하여야지 그렇지 않고 중간 똑똑쟁이는 되지 말라. 중간 똑똑쟁이는 신(信)의 뿌리가 서지 못한다.

중근기에서 상근기로 오를 때, 선생 대접을 받을 때, 권리를 받을 때, 대학을 나온 때, 얼굴이 예쁠 때, 부자일 때, 말께나 잘할 때, 글을 잘 쓸 때, 기술이 있을 때에 모두 집착하여 그 이상의 지식이라든지 그 이상의 지도를 받지 아니하여 향상을 막는 수가 허다하다. 그러므로 이때에는 반드시 신분의성을 들이대어 있는 힘을 다하여야 법강항마위로부터 출가위까지 오르게 된다. 그러나 법강항마위까지도 흔적과 아상(我相)이 있으니, 출가위에 올라야 흔적이 없는 부처가 된다.

'협수증청 야수혼(峽水?淸野水混)
상봉촉처 노성훤(相逢觸處怒聲喧)
장강유유 포용력(長江猶有包容力)

휴도창명 불견흔(携到滄溟不見痕)'

계곡 골짜기 물 부딪치어 흩날리고,

서로 합류하여 만나는 곳 노도처럼 성난 소리 끊이질 않네.

장강은 오히려 포용으로 유유자적 흐르는데,

넓은 바다에 이르니 그 흔적 찾아볼 수 없네.

흔적 없는 자리에서 광명이 나야만 대각여래위이다."

(원기38년 1월 14일)

7. 일상수행의 요법 5조

정산종사 말씀하시기를 "원망생활을 감사생활로 돌리는 방법은 첫째, 지혜(智慧)로 돌리는 방법이 있다. 이는 경험으로 이해와 결과를 생각하여 실천하여 보면 아는 것이다. 상대편에 불안을 주면 이쪽이 곧 해를 입는 것이 당연한 일이니 이와 같은 이해를 따지면 당장에 돌아오는 것이다.

둘째, 은(恩)으로 돌리는 방법이 있다. 근본적 진리를 생각하여 볼 때 나의 이 육신까지도 사은의 합작물이요 공용물이다. 일일시시로 영겁을 통하여 사은께서 혜택과 가호로서 한량 없는 세상에 은혜를 입히고 있으며, 은혜의 양도 끊임없고 은혜를 주시되 상없이 주시니 참으로 감사한 마음을 느껴야 한다.

원망할 일을 감사로 돌리되 입으로 돌리는 것과 마음으로 돌리는

것이 크게 다르다. 몹시 참기 어려운 일을 참아보면 그 다음은 쉽다." (원기 38년 1월 15일)

8. 우심(愚心)

정산종사, 교무 선에서 말씀하시기를 "우심(愚心) 즉, 제일 멍청한 자란 내가 나를 모르는 자이다. 모르면서 아는 체하는 자다. 모든 일에 이루는 길을 모르고 아는 체하면서 허덕이니 어리석다.

공자가 예언하기를 '후세에 한 남자가 자칭 진시황이라 하고 나의 사당에 올라 나의 갑옷을 입어보고 사구 평대에서 죽으리라(後世有一男子 自稱 秦始皇 上我臺 依我裘 崩於 沙丘平臺)하는 내용을 본 진시황은 사구에서 죽지 않으려고 가는 곳마다 그 땅 이름을 물었다. 하루는 모래흙을 갖고 놀고 있는 아이들을 보고 '여기가 어디냐?' 물었더니, '사구입니다.' 하는지라 그 자리에서 절명(絕命)했다 한다." (원기38년 1월 15일)

9. 심량이 광대한 사람

정산종사 말씀하시기를 "대종사님께서 '세상 사람들은 살림 모으는 재미가 쌀 한 가마니 늘고 두 가마니 느는 데 있다고 하나 공부인이 조금씩 수양력이 늘어가는 재미는 이보다 더하는 것이다.' 라고 말씀하셨다.

심량광대(心量廣大)의 심량이 크다하는 것은 막힌 것 없는 것을 이름이다. 선방(禪房)이나 면이나 군이나 국경이나간에 막힌 것은 다 작은 것이다. 그러므로 국가주의나 민족주의도 한도가 있으므로 이 주의를 초월한 부처님주의가 세계에서 제일 큰 주의이다. 마음에 있어서는 착(着)이 없는 자가 큰 자이다. 착심(着心)과 편착심(偏着心)을 초월하면 심량이 광대한 자이다." (원기38년 1월 16일)

10. 시비증애

정산종사 말씀하시기를 "시비선악(是非善惡)을 써나갈 때 오직 시비와 증애(憎愛)를 떠난 심리(心理)로 시비를 가리고 증애를 내어야 참이 된다. 부처님은 시비증애를 할 때 공(公)을 표준하고, 범부는 개인을 표준하여 시비증애를 하게 된다. 시비는 밝아야 하나니 오직 착(着) 없이 시비를 가릴 것이다.

가을은 나무의 기운이 뿌리로 모이고 결실을 이룬다. 공기도 맑고 바람도 달도 동물도 모두 밝고 기운이 가라앉는다. 이와 더불어 천지(天地)도 열기(熱氣)가 가라앉고 깨끗한 가을을 정토(淨土)라 한다. 사람으로도 머리에 열기가 없고 정신이 가라앉아서 온전할 때가 정토이다.

비결에 '쇠를 가지고 피화(避禍)를 한다.'는 말이 있다. 이는 금강불성(金剛佛性)을 가진 자, 번뇌가 쉰 자, 욕심이 공한 자가 되어야 화(禍)를 피할 수 있다는 말이다." (원기38년 1월 16일)

11. 법문 듣는 도

정산종사 말씀하시기를 "법설은 듣는 사람에 따라 대수롭지 않는 법문도 큰 소득이 있으나 중대한 법문이라도 듣는 사람에 따라 대수롭지 않게 된다. 설(說)하는 자의 법력(法力)도 필요하나 듣는 자의 도력(道力)이 더욱 필요하다. 그러므로 법문은 일심(一心)으로 오롯이 듣는 데 주력하라.

다문(多問)제일인 아란존자(阿難尊者)는 법설을 듣는데 어찌나 일심이 되었든지 발 고름을 칼로 째서 짜는 것을 법문 듣는 시간을 이용하였다 한다.

공식으로는 법강항마위 이상의 말씀이라야 법설이다. 전하는 이의 말이 도에 맞고 활용할 길이 분명하고 담담하면서도 진실하고 깊이가 있는 말씀이라야 법문이다. 도에 맞지 않고 활용길이 없고 실속이 없고 너줄하고 옅은 말은 재미는 있으나 법문이 되지 못한다.

'시장 가운데서 법을 얻는다.' 하였으니 법을 설하는 자의 법이 옅고 실천이 없을지라도 실다운 법을 옮기려는 마당에 있어서는 듣는 자는 보감을 삼아야 한다. 그러나 법을 설하는 자의 입장에서는 항상 실전에 주력을 대어야 한다.

윤리학자의 강의를 듣다가 청중이 다 물러나므로 한 법사가 '맛있는 음식을 요강에 담아 주면 먹겠느냐' 고 경계하신 말씀이 있다.

큰 소견이 열린 상근기(上根機)는 삼라만상을 다 법설로 삼는다. 지혜 있고 배우기를 좋아하는 중근기(中根機)는 선지식의 법문 듣기를 즐긴다. 하근기(下根機)는 법문을 아무 대중 없이 듣기만 하고, 좋은 법문인지도 모르며 설사 알았다 하나 실천에 옮기지 못한다.

큰 소견이 열린 상근기의 공부법으로 정력을 들여 좋은 불제자가 되는 동시에 성불하기를 바란다." (원기38년 1월 17일)

12. 교운의 전망

정산종사 말씀하시기를 "대종사님께서 처음 득도(得道)하시어 초도자(初度者)를 위하여 많은 가사(歌詞)를 지어 법의대전(法義大全)이란 책을 저작하셨다. 이 책은 우리 회상이 어떻게 발전되어간다는 것을 암시한 내용이다. 그러나 원기5년에 교강(教綱)을 발표하신 후 전부 소각시키셨는데, 그 책 속에 '사오십년 결실(結實)이요 사오백년 결복(結福)이라' 는 한 구절이 있었다.

결실(結實)이란 종자를 뿌려 놓고 이것이 성장하여 좋은 결과를 보겠다는 것을 알게 되는 것이요. 결복(結福)이란 많은 사람이 함께 그 좋은 결과를 같이 맛보는 것이다.

창립 사오십 년은 우리나라 전국에 일원의 광명이 편만(遍滿)하고, 창립 사오백년은 전 세계에 원불교의 광명이 두루 편만하게 된다는 뜻이다.

우리 원불교는 한 집안 한 나라를 대상으로 한 사업이 아니요 오직 전 세계를 상대로 빛내는 큰 사업이다. 적은 이(利)와 적은 해(害)에 마음을 동(動)하거나 방심(放心)치 말라. 천지 운수도 철 바뀌는 것과 같아 새 세상을 맡은 기운이기 때문에 처음에는 오히려 어둠이 짙어지는 것 같으나 때가 이르고 보면 걷잡을 수 없는 대변동(大變動)을 보리라.

앞으로는 진실하고 공심 있는 자와 비록 미미하고 어렵고 곤란한 가운데 공력을 놓지 않고 노력하는 자는 새 힘을 얻어서 점점 큰 사업을 이루게 되고 여러 사람이 환영하고 옹호하고 우대하는 인물이 된다. 그 반대의 사람은 앞길이 막히는 동시에 새 힘을 못 받는 자가 된다.

전생에 상기란 승려는 세속을 염원하여 후생에 임금으로 태어나서 처음에는 성군으로서 이름이 드러났으나 후에 양귀비로 말미암아 매(昧)하여져서 악도에 빠져 버렸다 한다.

견성(見性)이란 목수가 검은 먹과 줄자를 얻은 것과 같다. 견성을 못하고 복만 짓는 자는 복진타락(福盡墮落)이 되고 마나니, 공부하는 자는 견성에 반드시 힘쓰라.

백성의 마음 창고에다 곡식을 쟁여야 한다. 형상 있는 곡간(穀間)은 도적맞기도 쉽고 썩기도 쉽다. 제군들은 대종사님께서 밝혀 놓으신 무형의 곡간에 복을 많이 쟁이도록 노력하여 시방 허공에서 도와 주는 자가 되라.

하근지인(下根之人)은 물화위보(物貨爲寶)요

중근지인(中根之人)은 명리위보(名利爲寶)요

상근지인(上根之人)은 도지위보(道之爲寶)라.

'아무 소용없다' 는 말은 그 사람과 그 사업과 인연을 끊는 말이니 삼가 하라." (원기38년 1월 18일)

13. 새 기운의 세 가지

정산종사 말씀하시기를 "부처님께서 정법 상법 계법이 지나면 미륵불 회상이 열린다 하셨고, 최수운 선생께서도 많은 가사를 내시사 앞으로의 찬란한 세상을 예언하셨으며, 강증산 선생께서도 앞으로 대성현이 우리 조선에 모여 전무후무(前無後無)한 세상을 이룰 것이라 하셨다. 우리 대종사님께서도 앞으로 거룩한 회상을 많이 말씀하셨다.

그러나 아무리 이러한 대선지자(大先知者)들께서 앞으로의 좋은 세상을 말씀하시고 좋은 운수와 대운이 온다 할지라도, 각자의 적공이 없으면 받아들일 수 없다. 라디오가 통하여야만 듣는 것과 같고, 풍년이 들어도 농사를 짓지 않는 자는 소득이 없는 것과 마찬가지다.

새 기운이란 어떠한 기운인가? 첫째는 진실한 기운이다. 거짓이 있고 꾸밈이 있어 허장성세(虛張聲勢)를 하는 자, 행실보다 말이 좋고, 또는 숨은 미덕보다도 드러내는데 주력을 대고, 실(實)이 이름만 못한 자와 단체는 새 기운이 돌아오면 자연히 없어진다. 그러니 안으로 실다운 공력이 많은 자는 기국(器局)과 때를 따라서 자연히 드러나게 된다.

둘은 화(和)하는 기운이다. 강증산 선생의 해원, 우리 대종사님의 사은 등은 오직 화하는 도를 밝히시었다. 앞으로는 화하는 힘이라야 한다. 사람과 화하는 기술이 있어야 한다. 각박하고 모질고 약아서 화하지 못하는 자는 새 운수를 따라 낙엽처럼 떨어지고 만다. 어리석은 듯하나 덕으로 화(和)하는 힘이 있어야 새 시대의 영도자(領導者)가 될 수 있다.

셋은 공변된 기운이다. 개인주의에 떨어져서 여러 사람에게 유익이 없는 자는 앞으로 설 수 없기 때문에 체면을 생각해서라도 공익사업을 아니할 수 없게 된다.

이 세 가지 조항을 공부삼아 양성하여 도인(道人)이 되고 보면, 돌아오는 세상의 주인으로서 한량 없는 존대를 받는다. 과거에는 도인이 폐의험식(弊衣險食)으로 가난한 것을 도인의 본생으로 삼았으나 앞으로는 도(道)가 높으면 높을수록 숨어서 살 수 없는 세상이 된다. 그러나 도인들은 벼슬을 하려 들지 않고 사치보단 청빈을 사랑하는 생활을 할 것이다.” (원기38년 1월 19일)

14. 공부하는데 마구니

정산종사 말씀하시기를 "공부하는데 있어서 내가 무던하다는 것이 제일의 마구니이다. 아무리 좋은 법일지라도 아(我)라는 것에 집착하고 보면 향상을 막아 버린다. 내가 낫다, 내가 어찌 남에게 지랴 하는 등의 생각은 문명(文明)의 병이다. 큰 공부를 못하는 사람이 되고 만다.

광부지언(狂夫之言)도 택지(擇持)요, 삼척동자지언(三尺童子之言)도 택지인데, 아(我)라는 병에 걸리고 보면 체증과 같아서 별스럽게 공부를 한다할지라도 공부가 진취되지 않는다. 이러한 자는 충고도 못 듣기 때문에 아무도 그 전정(前程)을 고쳐주지 않는다. 허물을 말할 수 있는 자리가 제일 가까운 자리이다. 자식이나 형제간이나 본인이나간에 충고를 감수할 만한 경지만 되고 보면 다른 사람 수년 동안 한 공부를 몇 달 만에 이룰 수 있다."

이어서 말씀하시기를 "중국의 등은봉(鄧隱峰) 화상은 열반할 때가 되자 여러 사람들에게 묻기를 '여러 곳에서 앉아 죽은 이는 내가 보았지만 서서 죽는 이도 있었는가?' 하니 대중이 '서서 죽는 이도 많았습니다.' 하거늘 은봉화상이 '그러면 거꾸로 죽은 이가 있었는가?' 대중이 말하기를 '그렇게 죽었다는 이는 듣지도 보지도 못하였습니다.' 라고 하자 은봉화상은 거꾸로 서서 죽었으나 옷자락이 그대로 있고 밑으로 내려오지 않았다고 한다.

대정(大定)은 동하는 가운데 동치 않는 정이요, 중정(中定)은 힘써

정을 익히는 것이며, 소정(小定)은 감각이 없는 정이다."

(원기38년 1월 19일)

15. 챙겨야만 하는 처지

정산종사 말씀하시기를 "선생과 제자, 동지와 동지 사이에 챙겨야만 하는 처지와 안 챙겨도 좋은 처지가 있다. 챙겨야 할 처지는 아주 알뜰한 동지라 할 수 없고, 안 챙겨도 좋은 처지가 의리에 벗어나지 않는 알뜰한 동지이다. 스승은 사랑과 방편을 쓸 일 없이 주의와 충고와 직언을 할 수 있어야 하고, 제자는 스승을 기만하거나 변덕을 부리는 일이 없어야 대의(大義)와 법맥(法脈)이 통한다. 대의와 법맥이 통하는 권속이 많아야 우리의 교세가 크게 발전할 것이다.

여러 동지가 몰라준다고 알뜰한 공심을 퇴보시키고, 공부심을 퇴보시키는 일은 절대 대의(大義)를 모르는 것이다. 이순신 장군은 충성과 절의와 예지와 기능이 출중한 대원수였다. 원균의 모함으로 사형을 당하게 되자, 유성룡 재상이 눈물로 선조대왕께 간하기를 몇 차례, 결국 선조대왕은 이순신의 사형을 면하고 마부의 책임을 주었다. 그러다가 정유년(丁酉年) 난리에 다시 삼도수군도통사로 출정하였다. 겨우 어선 몇 척 있는 것을 가지고도 충성과 예지로 울돌목에서 나라를 구하는 데 전력하다가, 왜적의 화살을 맞아 죽으면서도 '나의 죽음을 알리지 말라.' 하며 승리로 이끌었다."

이어서 말씀하시기를

"중국의 소열황제(昭烈皇帝) 유비는 한(漢)나라 왕실의 부흥을 위해 군사를 일으켰다. 그러나 늘 조조 군에게 고전을 면치 못했다. 어느 날 유비가 은사(隱士)인 사마휘에게 군사(軍師)를 추천해 달라고 하자 그는 제갈공명을 추천했다.

유비는 즉시 수레에 예물을 싣고 제갈공명의 초가집을 찾아갔으나 외출하고 없었다.

두 번째도 찾아 갔으나 역시 없었다. 유비는 의형제인 관우?장비의 불평에도 불구하고 세 번째 찾아갔다. 마침 제갈공명이 낮잠을 자고 있어 유비는 문 밖에서 한참을 기다려 그를 만났다.

유비의 정성에 감동한 제갈공명은 유비의 군사가 되어 조조의 십만 대군을 격파하는 등 많은 전공을 세웠다 한다."

이어 말씀하시기를 "잡초가 무성한 땅은 농부가 자주 풀을 매어 주어야 하는 것과 같이, 변심이 많고 변덕이 많은 제자는 자주 공을 들이지 않으면 버리기가 쉽기 때문에 친절히 챙기고 칭찬하는 것이다. 혹 이렇게 하여 주는 제자를 볼 때에는 부족한 자에게 공을 들이는 줄 알아차리고 대담스럽게 대하는 자는 알뜰한 자이다. 대중의 배척과 미움을 받는 자는 무마하여 주어야만 의지가 되어 공부에 힘쓴다." (원기38년 1월 20일)

16. 제일 큰 이익과 제일 큰 해독

정산종사 말씀하시기를 "남을 이익 주는 일이 많지마는 남에게 좋은 마음을 일으키게 하는 것이 제일 큰 이익이 된다. 물질로 이익을 주는 것은 다할 날이 있고 없어지는 것이나, 마음의 공덕은 영원하다. 또한 해독을 주는 일이 많지마는 나쁜 마음을 내게 하는 것보다 더 큰 해독은 없다. 물질적인 해독은 보상할 수도 있고 마음으로 때울 수도 있으나 마음의 해독은 영원하다.

그러므로 친우 동지를 진심(眞心)으로 생각할진댄 좋은 마음을 내게 하라. 영겁다생에 복락을 수용할 것이다. 금강경(金剛經)에도 '칠보(七寶) 장식(粧飾)보다 참 마음이 제일이라' 한 것은, 칠보는 다 할 날이 있으며 또한 재앙을 불러들이나니 좋은 일념(一念)으로 공덕을 쌓는 것만 못하다는 말씀이다.

남한테 이(利)나 해(害)나간에 좋은 마음 받는 것 같이 큰 이익이 없고 낮은 마음 갖는 것같이 큰 해독이 없는 것임을 잘 알아서 좋은 마음씨 내는 데 힘쓰라."

이어서 정북창의 두 아들이 요절한 사연에 대하여 말씀하시기를 "조선 인종 당시 정북창이 관찰사로 내려 갔은데 그 지방 이방 두 명이 역대의 관찰사에게 요사스런 짓을 해서 그 고을 관찰사를 쫓아 버리는 아주 고약한 사람이 있다는 제보를 받고 그 곳에 부임 하자마자 그 두 이방을 잡아서 당장 처형해 버렸는데 그들은 눈을 부릅뜨고 죽었다.

그 후 정북창이 늘그막에 두 명의 쌍둥이를 낳게 되었는데 자기의 태어난 아들의 눈을 보니 그 때에 처형시킨 이방의 눈과 같았다. 북창은 모든 것을 단념하고 무심하였다. 주위에서는 큰 경사라고 떠들어 대지만 북창은 오직 바둑이나 두고 지낼 뿐이었다. 아이들이 자라서 15세에 과거급제를 하였다. 그러나 북창은 역시 아무 표정 없이 지낼 뿐이었다.

두 아들은 아버지께 인사를 하고 물러나 담 위에 놀다가 옷깃에 발이 밟혀 떨어져 죽었다. 북창은 또 무심히 장례를 치렀다. 그리고 하인을 시켜 무덤을 쓰고 멀리서 엿듣게 하니 그들의 무덤에서 하얀 소복을 입고 나오더니 "앗다! 그놈 독한 놈이다. 우리가 원수를 갚으려고 했더니 안 되겠다. 그만 가세.' 하는 소리가 났다고 한다."

이어서 말씀하시기를 "대종사님을 이 세상에서 제일 존귀한 분으로 숭배하는데 무슨 점을 봐서 그러하는가?" 하고 물으신 후 말씀하시기를 "옛날 부처님은 중생의 근기가 낮아서 방편적으로 신통을 보이신 일도 있었다. 또 다른 종교들이 다 일원상의 진리를 나타내기는 했으나 그 진리를 멀리 놓아서 그 근경을 알리는 소식에 불과하였다. 유교의 태극도 특수인만이 공부하는 길을 밝혀 놓은 것이다.

대종사님께서는 직접 이 자리를 가지고 활용하여 생활하는 가운데 보감을 삼게 하셨나니, 깊고 멀게만 있던 진리를 알기 쉽고 가깝게 활용하여 현실 가운데에서 일원으로 살아갈 수 있게 하신 것이 대종사님의 존귀하신 점이다.

지금은 대종사님을 조사(祖師)만도 못하다고 하는 자가 많으나 세상이 발달할수록 대종사님의 위대한 인격은 더욱 빛날 것이다. 정당하고 거짓말 아니하고 정직한 사람이어야 앞으로 세상에서 환영받는다."

17. 이어서 말씀하시기를 "정견(正見)이란 어려운 것이다.

옛날에 어떤 수도인이 나무에서 떨어져 꿈같이 죽어 배가 고파 출가하기 전 살던 고향집 어머니를 만나기 위해 가는 길에 기생이 놀고 가자 해서 그러려고 하는데 어디서 호령소리가 나서 그냥 가다가, 또 활을 쏘고 있는 곳을 지나가게 되어 구경하다가 가던 걸음을 재촉하여 어머니를 만나보고 반가워 달려갔다. 그런데 식구들은 하나같이 이 스님을 몰라보고 어머니와 누나는 이상한 귀신 같은 것이 나타났다고 마구잡이로 두들기며 쫓아내니, 하는 수 없이 다시 절로 돌아와서 깨어났다. 잠자듯이 죽었다가 깨어난 것이다. 스님이 집으로 가던 길을 다시 확인해 보니, 기생이 놀던 곳은 개구리가, 활을 쏘는 것은 풍뎅이가 살고 있었다고 한다.

떠나가는 길에 착심만 있으면 헛보인다. 그러면 죽어갈 때에 정견(正見)이 못 되는 원인과 정견(正見)이 되게 하는 내역이 무엇인가?

영지(靈知)란 수천 수만리를 번개같이 번쩍하므로 거리가 멀다는 것은 육신을 놓고 하는 말이다. 마음에 한번 붙이면 놓지 못하고 떼지 못하는 것이 착(着)이다. 수양이 있는 분은 능히 마음을 떼었다 붙였다 하는 능력이 있다. 착심이 많으면 정견이 못된다. 착심을 없애고 정견을 하며, 정정진(正精進)과 정행(正行)의 힘이 있어야 악도에 떨어지지 않는다. 신심(信心)이 독실해야 악도를 면한다. 말 안 듣는 자는 제도(濟度)할 수 없다.

큰 지혜를 얻으려면 크게 계교돈망지경(計較頓忘地境)에 올라야 한다. 우리는 어떻게 큰 정(定)에 들 수 있을 것인가? 내가 월명암에서 무심을 주장하는 정을 익히었더니 사물에 어둡다고 대종사님께서 주의를 주시었다. 놓는 공부와 잡는 공부를 똑같이 단련하라. 숨쉬는 것같이 놓는 데에도 자유로 할 수 있게 하고 잡는 데에도 자유로 할 수 있는 지경에 이르러야 공부를 잘한 것이다."

(원기38년 1월 23일)

18. 기운이 서로 통하여져

정산종사 말씀하시기를 "우리는 지금 시끄러운 세상에 있어서도 마음 편히 부처님 법을 믿고 안정된 생활을 하고 있다. 하루속히 평화롭게 되어 일선 장병이나 행방을 몰라 하는 자들로 하여금 하루속히 부처님 가호를 입도록 기원 올리라. 그리하면 기운이 서로 통하여질 수 있는 것이다.

2년째 이 기원제를 지내니 오직 실지효과를 내도록 친자(親子) 친구(親舊)의 심정으로 정성을 들이라. 겨울에 죽순과 잉어를 얻은 것은 오직 일심(一心)이었다." (원기38년 1월 25일)

19. 내년 선에는

정산종사, 교무선 해제식에서 말씀하시기를 "공자님의 논어(論語) 첫 글귀에 '학이시습지(學而時習之)면 불역열호(不亦說乎)아' 배운 것을 때때로 익히면 또한 기쁘지 아니하랴! 란 글귀와 같이 배워야 하며, 배운 후에는 시시(時時)로 익히어야 참 공부하는 자이다. 또 '유붕(有朋)이 자원방래(自遠訪來)면 불역낙호(不亦樂乎)아' 벗이 먼 곳으로부터 찾아오면 또한 즐겁지 아니하랴! 란 글귀와 같이 모두가 기운을 응해 주어야 사업이 잘 되는 것이다. '인부지이불온(人不知而不慍)이면 불역군자호(不亦君子乎)아' 사람들이 알아주지 아니하여도 원망하지 아니하면 이 또한 군자가 아니랴! 란 글귀는 사람이 알아주나 몰라주나 간에 도(道)를 즐기는 마음이다.

그동안 배우기도 많이 하고 필기도 많이 하여 마음에 새기기도 하고 말도 하여 모두 배운 것이다. 집에 가서 바로 잊어버리면 아무 소용이 없으니 시시로 잘 익혀야 참 효과가 나타난다.

좌선도 항시 선(禪, 교무선) 때의 습관으로 마음에 잊어버리지 말고 나가야 하며, 마음공부에 있어서도 실지 경계에 활용하여 계속하고 보면 내년(來年) 선(禪)까지는 많은 힘이 쌓일 것이다. 내가 잘 실행하고 근방에 유익을 끼치고 보면 자연 많은 사람이 와서 응하여 줄 것이요, 와서 그 법(法)을 배워 덕화(德化)를 이룰 것이다.

가정 · 부모 · 형제 · 동네 사람이 나의 공부를 잘 알아 주지 않는다 할지라도 안심하고 공부에 힘쓰는 자가 되어야 공부가 중단되지 않고 계속하게 된다. 천하 만물도 그 기운이 계속하므로 봄이 되고 여름이 되고 나무도 성장을 이룬다. 그러니 '나는 공부를 하는 자이다' 라는 마음을 잊지 않고 보면 공부가 어쩐 줄 모르게 진취되어 간다. 이것이 퇴보 하지 않는 길이다. 내년 선(禪)에는 괄목상대할 만치 공부가 진취되어 보살이 되고, 부처되도록 노력하기 바란다."

(원기38년 1월 26일)

20. 무궁화와 태극기

정산종사께서 산동 백우암에 계실 때 앞마당에 무궁화 한 그루가 대단히 탐스럽게 피었다. 때는 칠월 중순이라 한 여름 단 이슬을 담뿍 품고 피어 있었다.

정산종사 무궁화를 보시고 말씀하시기를 "흰 무궁화는 백의민족(白衣民族)의 일편단심을 장식하고 회색은 수수한 도인(道人)의 단심(丹心)을 표상한다. 저 무궁화의 뜻을 알겠는가! 저 꽃에 깊은 뜻이 있다. 이 세상에서 꽃 이름이 많으나 무궁화와 같이 좋은 이름이 없다. 무궁화(無窮花)란 한량이 없는 아름다움과 변함이 없는 영광(榮光)을 말함이다.

나라의 꽃은 그 나라의 자랑을 상징하는 것이므로 그 나라 사람이 한결 같이 사랑하는 꽃이다. 우리나라가 이러한 무궁화 꽃 이름을 가진 데 있어서 반드시 그 이유가 있을 것이다. 이 세상에서 가장 아름다운 것은 도덕으로 이루는 꽃다운 이름이요, 이 세상에서 변함이 없는 영광(榮光)은 도덕으로 얻게 되는 지위(地位)다. 우리나라는 이러한 좋은 꽃 이름을 가졌으니, 앞으로 도덕(道德)의 근원지(根源地)가 되어 전 세계에 혜택(惠澤)을 입힐 것이다."

이어서 말씀하시기를 "태극기(太極旗)의 태극(太極)은 모든 이치(理致)의 조종(祖宗)이다. 즉 우주(宇宙)의 원리(原理)이므로 만물의 어머니이다. 기(旗)란 높이 받들어 여러 사람이 우러러 본다는 뜻이므로, 태극기(太極旗)란 우주의 원리를 높이 받들어 부모와 같이 우러러 본다는 뜻이다. 국기(國旗)란 그 나라의 위신을 나타내는 것이다. 태극의 근원은 일원(一圓)이기 때문에 일원은 만사만리(萬事萬理)의 조종이 되므로 이 일원대도(一圓大道)가 드러나는 나라는 온 세계의 부모국으로서 각국의 흠앙(欽仰)을 받아 심방(尋訪)을 받을 것이다.

조선(朝鮮)은 처음 새벽의 나라로서 후천 도수의 광명을 제일 먼저 받아들인다. 대한(大韓), 금강산(金剛山) 등은 오직 큰 도인(道人)이 출생하여 한량없는 존대와 영광을 누릴 것을 표상(表象)함이니라.

동방(東方)이 새로 밝아 조선 강산이 아닌가.
금강산 법기봉(法器峯)에 무시선당(無時禪堂) 이뤘어라
태극기로 건당(建幢)하고 일원대도 강설(講說)하니
삼천세계 일체중생 무궁화로 공양하네."

(원기38년 7월)

21. 요제임천

정산종사 산동 백우암(白牛庵)에 가시어 일언첩(一言帖)에 쓰시기를 요제임천(潦霽任天)이라 '장마 지고 개는 것은 하늘에 맡겼노라' 하시고, 그 후 남원교당에 가시어 "말이 갖추어지지 못하였다." 하시며 가색유인(稼穡由人) '심고 가꾸기는 사람에게 달렸다.' 라 쓰시며 "네 글자를 더하여야 산법구가 되리라." 하였다.

장마 지고 개는 것은 천리(天理)이며,

씨 뿌리고 가꾸는 것은 인사(人事)니라.

앞으로 계획이 많은 바쁜 몸이 병든 것도 임의로 못할 일이요, 세상의 평화도 빨리 돌아오기를 갈망하나 때를 따라 이루는 것이지 임의로는 못하는 것이다. (원기38년)

22. 구미와 도미

정산종사 말씀하시기를 "구미(口味)가 있으면 소채(蔬菜)도 맛이 있어 몸에 영양이 되고, 구미가 없으면 좋은 고량진미(膏粱珍味)도 맛이 없고 체한다. 그와 같이 우리가 도미(道味)를 느끼는 자는 역경(逆境)도 지낼 만하고 잘 궁굴려 복락을 불러들이고, 도미가 없는 자는 순경(順境)도 잘 운전하지 못하여 도로 재앙(災殃)을 불러들인다." (원기38년 7월)

제4편

원기39~41년도 법문

보편적 삼학은

부지중 삼학이며

주견이 없는 삼학이요 임시적 삼학이다.

공부인의 삼학은

공부적 삼학이며 법도적 삼학이며

간단이 없는 삼학이다.

1. 자력양성

정산종사 신년에 말씀하시기를 "어느 정승이 호조판서 일 때 샘에 엽전 한 푼이 떨어졌는데 두 푼을 들여서 건졌다. 그러나 딸을 결혼시킬 때는 예를 차리지 않고 사위가 왔는데도 밥도 안 주고 돌려보내자 사위는 십년 만에 오십 석을 이루는 자력을 세웠다고 한다. 자력을 세우도록 매몰차게 대하였던 것이다.

고종황제 당시의 인고산이란 사람은 차경석의 스승이었다. 인고산이 어린 시절 스승으로부터 '부부끼리는 상존상례(常尊相禮)를 실행하라' 는 말씀을 받들고 평생 그 말씀을 명심하고 실천하여 미풍양속을 이루었다고 한다." (원기39년 1월 1일)

2. 지자본위

정산종사 말씀하시기를 "가정에서는 막여치(莫如齒)고 조정에서는 막여작(莫如爵)이라. 가정에서는 이빨(연조)만 같지 못하고, 조정에서는 벼슬(지위)만 같지 못하다.

방촌 황희는 경험이 많고 계획이 많은 분으로서 강강한 분이다. 25세에 강원도를 순회할 때, 소 두 필로 밭을 갈고 있는 농부를 보고 일 잘하고 못하는 소의 구별을 물었다. 농부는 갑자기 황방촌의 귀에다 대고 비밀히 대답하였다. 이 농부의 행동이 황방촌의 일생

보감이 되었다고 한다. 황방촌은 고려가 무너지고 이태조 조정이 무인(武人)정치를 하게 된지라, 이 나라에 문인이 없어서는 안 되겠다 싶어 백성을 위한 충정으로 조정에 나아갔으며, 나오지 않고 죽은 두문동 거주 72현의 유가족을 돌보아 주었다고 한다."

(원기139년 1월 1일)

3. 공도자 숭배

정산종사 신년에 말씀하시기를 "조선의 기술문명이 희귀한 때에 지도제작에 일생을 바친 사람이 고산자 김정호이다. 황해도 출신으로 조선의 세밀한 지도를 처음으로 제작하였다. 국가의 도움없이 부인의 광주리 판돈으로 시작하여 제주도로부터 압록강까지의 긴 거리를 40년간 8번을 왕래하였고 조수로는 그의 딸이 지도제작 작업을 도왔다고 한다. 그리하여 대원군 시대에 이 지도를 내놓으니 안타깝게도 역적으로 몰려 옥중에 갇히어 3년 만에 옥사(獄死)하고 말았다. 이와 같이 과거에는 국가에서 공도자 표창을 하지 못한 결함이 있었다.

공도자 숭배에는 법률적 숭배와 자연적 숭배 두 가지가 있다. 법률적 숭배란 원불교 공적 등급이나 서원이나 향교나 간에 집을 짓고 그 덕을 추모하도록 하는 것이다. 제자가 스승의 덕을 추모하며 암자나 절을 짓는 것이 이에 속한다.

자연적 숭배란 곳곳마다 대종사님을 염념불망(念念不忘) 숭배하는 것을 말한다. 미국의 링컨은 흑인을 해방시킨 대통령으로서 그 동상은 언제나 번쩍번쩍 하였다고 한다. 함양 상림공원(上林公園)은 신라 최치원 선생이 식목한 공원으로 오늘날까지 숲을 이루고 있다. 중국에 양호(楊鎬)란 사람은 죽은 후에 현산(峴山)에 비를 세워졌는데 행인들이 이 비를 보면 낙루(落淚)하며 그 양호의 덕을 추모하므로 타루비(墮淚碑)라고 하였다 한다. 우부(愚夫) 우모(愚某)일지라도 충무공 이순신 장군의 사당을 지나칠 때는 사당을 향하여 절을 올리며 숭배하였다고 한다. 정암 조광조는 대사관 벼슬에 있을 때 탐관오리를 숙청하여 선정(善政)을 베풀었다. 이 분이 행로를 옮기게 될 때는 조정암의 가시는 길이라 하여 누가 닦는지도 모르게 길을 닦아 놓고 더러운 곳을 치워 놓았으며 조정에 가는 길 전부를 소세(梳洗)하였다고 한다.

프랑스 유고는 유명한 교육자로서 가난한 집의 자녀를 남몰래 교육시켰다. 그의 미담은 입에서 입으로 퍼져 나갔고 그의 집조차 존경의 대상이 되었다. 어느 날 늦은 밤 시간에 자기 집에 당도한 유고는 급한 김에 자기 집 담에 오줌을 누었다. 그런데, 순찰 도는 사람이 달려와 놀라면서 '아니, 누가 유고의 집에다가 그런 실례를 하느냐?' 면서 빰을 쳤다고 한다. 이는 곧 유방백세(流芳百世)라, 꽃다운 이름이 오랜 세월 전하여짐을 말한다."

(원기39년 1월 1일)

4. 삼학

정산종사 삼학에 대하여 말씀하시기를 “보편적 삼학은 부지중 삼학이며 주견이 없는 삼학이요 임시적 삼학이다. 공부인의 삼학은 공부적 삼학이며 법도적 삼학이며 간단이 없는 삼학이다.

무시선의 방법은 곧 알고 기르고 쓰자는 것이니, 즉 삼학이다.

당나라 현종, 숙종, 대종 3대(三代)를 이어 국사를 지냈던 혜충국사(慧忠國師)가 말이 없으니 제자들이 잘 몰라보았다. 국사를 저울질하다 어느 날 서역(西域)의 대이삼장(大耳三藏)이라는 사람이 타심통(他心通)을 하여 사람 마음을 꿰뚫어 보는 능력이 있다고 하니 국사와 만나게 하여 시험하려고 데려왔다. 삼장이 국사를 보고 예배(禮拜)한 후 우편(右便)에 서니 국사가 ‘네가 타심통을 얻었느냐’ 고 물으니 ‘불감(不敢)이라’ 대답했다. 국사가 또 ‘도노승(道老僧)이 지금 어디에 있느냐’ 하니 ‘일국(一國)의 국사께서 어찌 서천(西川)에서 경도(競渡)를 보리오!’ 라고 하였다. 국사가 다시 ‘도노승아! 지금 어느 곳에 있느냐’ 고 물으니 ‘일국의 국사가 어찌 천률교상(天律橋上)에서 원숭이의 희롱함을 보리오!’ 라고 답하였다. 국사의 세 번째 질문도 같은 질문이었다. 이에 삼장이 몸 둘 바를 몰라 쩔쩔 매었다. 이에 국사가 크게 꾸짖기를 ‘야호정(野狐精)아, 타심통이 어느 곳에 있느냐’ 하니 삼장이 대답하지 못하였다. 이것을 본 제자들은 그때서야 국사의 법력을 알아보고 놀라며 정신을 차리고 따르게 되었다 한다.

안자(晏子)는 불이과(不二過) 불천노(不遷怒)였다. 허물을 두 번 다시 하지 아니하고, 화를 옮기지 않았다고 한다."

(원기39년 1월 1일)

5. 팔조(八條)에 대하여

정산종사 말씀하시기를 "삼학(三學)이 아무리 범부를 성자가 대도록 한다 할지라도 팔조로써 공력을 들여야만 하는 것이다. 삼학 공부는 팔조로 불지경(佛地境)에 도달하게 된다. 신 · 분 · 의 · 성은 성불이 되는 원동력이요 ,불신 · 탐욕 · 나 · 우는 성불을 못하게 하는 마구니이다.

신(信)이란 정신수양, 사리연구, 작업취사를 하면 반드시 성불할 수 있다는 것을 믿는 것이다. 신(信)은 만성공의 바탕이요, 초입지문(初入之門)의 공부이다.

분(忿)이란 어찌할꼬? 하는 지극한 정열(情熱)이 발할 때 분심이 나며, 의심이 생긴다.

의(疑)란 의심이 뭉쳐야 대각(大覺)의 경지를 이룰 수 있다. 의심이 의단(疑團)이 된다.

성(誠)은 내외심이 없고 간단(間斷)없는 공부로 불지경에 이르게 한다." (원기39년 1월 1일)

6. 자녀를 지도하는 법

정산종사 말씀하시기를 "부모로서 자녀를 지도하는 아홉 가지 법이 있다.

첫째는 상봉하솔(上峰下率)이며, 둘째는 엄숙이며, 셋째는 친애지정(親愛之情)이며, 넷째는 신용불실(信用不失)이며, 다섯째는 상벌이 분명하며, 여섯째는 종교심과 신앙심을 갖게 하며, 일곱째는 공익심의 장려이며, 여덟째는 타인의 악평과 훼담을 하지 않으며, 아홉째는 예아닌 물건을 취하지 말게 할 것이다." (원기39년 1월)

7. 성경신

정산종사, 교무 선에서 말씀하시기를 "옛 성현의 말씀에 '말하지 않은 가운데 진정(眞情)이 있다' 하니, 오직 내 마음이 또한 이와 같다. 각 지방에서 공부에 뜻을 세우고 와서 여기 모여 공부하는 일을 생각하면 참으로 기쁘다. 옛 성현의 말씀에 성경신(誠敬信)의 말씀이 있으니 누가 이 성경신의 요령을 말하여 보라!"

하시고 이어서 말씀하시기를 "정성(精誠)은 계교사량을 떠나서 순일한 일심이 된 자리요, 진실무망(眞實無妄)이 된 자리이며, 간단(間斷)없는 자리이다. 이것이 천지의 이치이다. 천지도 오직 진실무망이요 간단이 없는 것이며, 성현도 일심(一心)으로 간단없이 공부하신 분이다.

공경(恭敬)은 정성이 주(主)가 되어 만물을 공경하는 것이다.

신(信)은 성(誠)과 경(敬)을 바탕하여 끝까지 믿어가는 길이다. 이를 몰아 말하자면 정성이니, 오직 성(誠)에 주력을 대라.

성(誠)은 천지만물의 뿌리이며 만성공의 바탕이 되나니, 일일시시(日日時時)로 이 마음이 일이관지(一以貫之)하는가 조사하여 공력(功力)을 쌓을지라. 공부할 때나 정사를 할 때나 오직 이 성(誠)으로 뿌리를 하라. 이 뿌리는 곧 허공(虛空)이다. 비행기, 기차 등 일만 기술이 다 이 허공의 조화(造化)이니, 이 허공이 천하 만물의 주인이다. 천지는 허공을 이용하고, 사람에 있어서는 형상 없는 허공마음이 주인이니, 여러분은 허공마음을 잘 이용할 줄 알아야 물질 이용도 잘하게 된다.

이 선(禪, 교무선)은 허공을 이용하는 법을 알리는 대학(大學)이다. 마음허공을 잘 이용하는 자가 되어야 세계에 드러나는 주인공이다. 나라나 개인이나 세계문화가 오직 이 허공이용을 잘하고 못하는 데 흥망이 있는 줄을 명심하여 여러분은 공부에 정진하라."

(원기39년 1월 8일)

8. 일원상 봉안의 유래

정산종사 일원상 봉안의 유래에 대하여 말씀하시기를 "대종사님께서 원기 원년(1916) 병진(음) 3월 26일에 무상대도를 오득하심과 동시에, 재래 산중 불교를 현시대의 인지에 맞추어 시대화 · 생활화 · 대중화를 목표로 혁신하실 것을 내정하신 후, 원기4년 법인성사 후 금산사에 가시어 송대 문미(門楣)에 일원상을 그려 붙이셨다. 그 후 부안 봉래산에 가시어 실상사 우방에 청결한 초당 한 동을 건축하게 되었으며, 그 때에 실내에는 조그마한 일원상 족자를 내어 놓으셨다. 이것이 본교의 일원상 봉안의 효시가 되었다.

원기20년 을해(乙亥) 4월에 총부 대각전을 신축하시고 상설 단 중앙 정면에 목조 일원상을 비로소 봉안하였다. 이어서 각 지부 기관이 생겨나는 대로 혹은 교도의 사가에까지 일원상을 봉안하게 되었다."

이어서 일원상에 대하여 설명하시기를 "옛 경(經)에 '일합상(一合相)은 즉비(卽非) 일합상(一合相)일새 시명(是名) 일합상(一合相)이라' 하였다. 일합상은 과거 · 현재 · 미래 삼세 모든 부처님의 마음 즉, 진여법성(眞如法性)자리인 동시에 우리 각자의 마음 즉, 근본심지(根本心地) 자리를 이름이다. 시간적으로는 무한 겁래(劫來)를 관통(貫通)하였고 공간적으로는 무량세계에 편만(遍滿)하였나니, 강연이 이름 지어 원상(圓相)이라 하였고 강연이 표상하여 원형(圓形)이라 하였다. 비유하면 달을 가리키는 손가락과 같다.

일원상(一圓相)을 부처님의 마음자리라 할 진대 부처님의 마음은 오직 청정(淸淨)하고 맑고 광명(光明)하여 밝고 공정(公正)하여 사(私)가 없다. 그러므로 일원상 법어에 이르기를 '원만구족한 것이며 지공무사한 것이라' 하셨나니 환언(換言)하면 공적(空寂)과 영지(靈知)의 합일체(合一體)이며 진공(眞空)과 묘유(妙有)의 근본처(根本處)이다.

재래불교에서는 이 법신불 일원상을 선실에 가구로만 모셔왔으나 본교에서는 신앙의 대상과 수행의 표본으로 모시었다. 인과보응의 신앙문인 사중보은(四重報恩)으로서 처처불상 사사불공을 실천하여 복의 근원을 얻게 하고, 진공묘유의 수행문인 삼학공부로서 무시선 무처선 법을 단련하고 혜(慧)의 원천을 얻게 하여 복혜양족(福慧兩足)을 쌍수(雙修)하게 한 것이다." (원기39년 10월)

9. 불무영, 불유영

정산종사 말씀하시기를 "소금장사를 하는 독실한 불교신도가 있었다. 소금을 팔아 이문이 나오면 샘에 던지기를 평생 하면서 이 돈을 모아 불사에 쓰리라 하던 중 어느 날 절의 주지가 절을 중창한다며 시주를 하라고 했다. 소금장수는 환희심을 내어 모은 돈을 전부 시주하여 절이 중창되고 번창하였다

그러던 어느 날 소금장수가 앉은뱅이가 되는 것이 아닌가. 사람들은 그 절의 부처님이 영험이 없는 것이 아닌가 하고 수군거렸다. 주지스님은 앉은뱅이가 된 소금장수를 절로 데려가 같이 살았다. 그러더니 어느 날 소금장수가 봉사가 되었다. 주지스님은 마음이 아

팠다. 사람들도 부처님이 영험이 없다고들 하며 많이 떠나갔다. 그러던 어느 날 봉사는 벼락을 맞아 죽고 말았다. 주지스님은 너무도 허망하여 부처님이 참말로 영험이 없다고 외치면서 불당에 모셔진 불상을 도끼로 찍어 버렸다. 그런데 그 도끼가 한 번 박히더니 빠지지를 않는 것이다. 아무리 용을 써도 끄떡도 안했다. 주지스님은 줄행랑을 치고 말았고, 그 절은 불상에 도끼가 박힌 채로 폐허가 되고 말았다.

30여 년이 흐른 어느 날 그 고을의 원님이 부임하여 오다가 그 절을 지나가게 되었다. 황폐화된 절을 보고 의아해 하니, 고을 사람들이 불무영(佛無靈)의 전설을 들려 주었다. 원님은 불상에 박힌 도끼를 뽑을 수 있겠다는 생각이 문득 들어 그 도끼를 쑥 빼보니 단번에 빠지는 것이 아닌가! 그런데 그 도끼가 빠진 곳에 글이 새겨 있었는데, '불유영(佛有靈)' 이라 쓰여 있었다. 불사에 시주한 공덕으로 다생에 받을 앉은뱅이, 봉사, 벼락 등의 삼세인과를 한 생에 다 받은 것이다."

(원기39년 10월)

10. 선원은 원불교의 근본 기반

정산종사 말씀하시기를 "우리가 사는 근본 목적은 성불제중의 대원(大願)이다. 우리의 공부 여하에 따라 개인 · 사회 · 국가 · 세계의 운행이 잘되고 못되는 것이다. 실지로 낙도생활하고 도를 닦는 선원(禪員)이 많아야 온 세계의 문명이 극락을 이루게 되는 것이다.

여러분께서는 참 법(法)에 바른 마음을 발하였으니 얼마나 큰 복(福)인가 더욱이 선원(禪院)도량에서 공부에 힘쓰고 있으니 참으로 영광스러운 일이며 얼마나 다행한 일인가! 마음을 찾고 기르고 닦는 서원(誓願)은 종자(種子)가 되어 세계 문명의 꽃을 피우게 하는 주인공이 된다.

여러분은 오직 참다운 공부인되기를 간절히 바란다. 형제간이 적어야 귀한 것과 마찬가지로 우리 도(道)에 발심한 동지는 참으로 적은 수(數)이고 귀한 수(數)이다. 그만큼 다정하고 친밀함을 금치 못하겠다."

(원기39년 10월 10일)

11. 평안이라는 말

정산종사 말씀하시기를 "속어에 '평안(平安)히' 란 말씀을 자주 사용한다. 그 말을 곰곰이 생각하면 진리의 말씀임을 느끼게 된다. 우리의 마음이 평평(平平)하기가 어렵고 사람을 사귀는 데에도 평평하기가 어려워 굴곡(屈曲)이 많게 된다. 영겁다생에 공부하는 것도 마음을 평평하게 지니는 것이 참 공부이다. 물과 같은 맛이 평평한 마음이다.

안(安)은 불평(不平) 태평(太平)이 하나인 마음이다. 좋아하고 싫어하는 마음을 초월하여야 평안(平安)하나니, 여러분도 평안히 살고 평안히 공부하길 바란다.

'곤니찌와' 란 일본의 인사말이 그럴 듯한 말이다. 곤니찌와란 '금일(今日)은 어떻게 지냈는가?' 하는 의미심장한 뜻이 포함되어 있다. 여러분도 이에 준하여 각자의 마음과 행동을 금일 금일 살피라. 한 방울 물이 모여 대해장강(大海長江)을 이루고, 한 호흡 한 호흡 사이가 연결되어 영겁다생을 이루는 이치를 생각하여 찰나(刹那) 찰나를 잘 보내는 데 주력하여 복(福)을 흡수하는 주인공(主人公)이 되라." (원기39년 10월 24일)

12. 우자의 세 가지

정산종사 말씀하시기를 "우자(愚者)는 세 가지가 있나니,

첫째는 짓지 않은 복(福)을 많이 구하는 자이요,

둘째는 닦지 아니하고 대오(大悟)를 바라는 자이며

셋째는 내 마음도 내 마음대로 못하면서 남의 마음을 내 마음대로 하려는 자이다." (원기39년 10월)

13. 자타력

정산종사 말씀하시기를 "자력은 나무뿌리, 신(信), 발심(發心) 등

에 비유할 수 있고, 타력은 풍운우로와 땅 등에 비유할 수 있다.

'공부자(孔夫子) 심으신 나무, 안증자(顔曾子) 물을 주어, 자사자(子思子) 배양하사, 맹자(孟子)의 채화(彩花)로다. 아마도 그 나무 이름은 정주자(程朱子) 강수(剛樹)라 하노라.'

이와 같이 신(信)을 세우고, 서원을 세우자! 일원상 · 사은 · 스승님에게 신(信)의 뿌리를 박고 서원의 싹을 내라." (원기39년 10월)

14. 네 가지 위험한 자

정산종사 네 가지 위험한 자에 대하여 말씀하시기를

"첫째는 수양(修養)을 놓고 지식 방면에 힘쓰는 자

둘째는 덕(德)을 놓고 재주만 주장하는 자(칼날에 묻은 꿀과 같다.)

셋째는 실지(實地)를 놓고 형식을 주장하는 자(임시 그려 놓은 꽃과 같다.)

넷째는 실력을 놓고 명예를 좋아하는 자

군자(君子)는 무실(務實)이요, 명자(名子)는 실무(實無)이다."

(원기39년 10월)

15. 공부인의 세 가지 병

정산종사 공부인의 세 가지 병에 대하여 말씀하시기를

“첫째는 권태증(倦怠症)이며

둘째는 호의(狐疑) 불신증(不信症)으로 여우같은 의심이며

셋째는 무던하다는 생각 즉, 스승에게 숨김없이 모든 것을 고백해야 하는데 안하는 것이다.” (원기39년)

제5편

원기40~41년도 법문

몸의 성년은

일정한 시일이 있으나,

마음의 성년은

그 시기(時期)가 없다.

즉 남에게 덕을 입히려는 때부터가

마음의 성년이다.

1. 마음문명을 가진 사람

정산종사 말씀하시기를 "과거에는 외식(外飾)문화가 성왕하여 사람마다 외식문화에 전력하였으나 금년부터는 마음문명(文明)을 가진 사람이 되라. 남을 원망하지 말고 나를 살피고 잘못을 나에게 돌리는 자가 되라." (원기40년 1월 1일)

2. 신분의성

정산종사 중근기의 신분의성에 대하여 말씀하시기를

"중근기의 신(信)이란 삼대력을 갖추고야 말겠다는 굳은 신념이 있어야 한다.

분(忿)이란 적은 효력에 안심치 말고 더욱 채찍질 하여 삼대력을 익히어 나가야 한다.

의(疑)란 불신 · 탐욕 · 나 · 우의 마구니로 인해 막힌 지혜를 돌파하는 것으로 우주만유의 본체자리를 알아가는 데 있어서 화두 연마에 전력하여 대의심(大疑心)을 해결해야 한다.

성(誠)이란 조금 잘된다 해서 해이하지 않고 삼대력을 무시로 놓지 말고 정진(精進)을 쌓아야 한다."

이어서 상근기의 신분의성에 대하여 말씀하시기를

"상근기의 신(信)은 자신을 갖는 것이며, 분(忿)과 의(疑)는 견명성오도(見明星悟道)이며, 성(誠)은 대각여래위의 부처님도 수련의 마음을 놓지 않는다. 즉 무위이화(無爲而化) 자동적으로 성(誠)을 실현한다.” (원기40년 1월)

3. 전무출신의 목적

정산종사 말씀하시기를 “전무출신이 되어 수십 년을 살게 된 것은 무슨 까닭인가? 우리는 여기에 돈을 벌고 지위를 얻고 대우를 받기 위해서 모인 것이 아니다. 그러기 때문에 반드시 무슨 목적이 있어야한다.

대종사님께서 대각(大覺)을 얻으시어, 도(道)의 실마리를 드러내셨으므로 그 도를 얻기 위한 것이 우리의 목적인 것이다. 도(道)는 엄연히 있는 것이다. 사람이 태어나기 이전에도 있었고 태어난 이후에도 있었으나, 대종사님께서 도(道)가 없는 세상에 탄생하시어 대도(大道)를 높이 드러내셨다. 영웅보다도 큰 부자 보다도 더욱 큰 힘은 오직 이 대도(大道)를 얻는 힘이다. 공명, 영웅, 큰 부자도 흩어지는 구름 같이 허망한 것이다. 도(道)란 미묘한 것 같으나 시일이 갈수록 드러난다.

부처님께서나 공자님께서도 미미(微微)하게 출발하였으나 오늘날 전 세계에 종과 횡으로 유전(流轉)이 되어 인륜강상(人倫綱常)을 밝히고 있으며, 무슨 힘보다도 강하지 않은가. 그러므로 여러분이 생사를 결단하고 모여들어 전력(全力)을 다하는 것이다.

우리가 미래를 관망할 때 자신의 제도와 세계의 제도가 대단히 바쁘다. 교리 연구와 아울러 실상(實相)을 알고 닦아서 허위와 가식을 부수고 참된 것을 구하여 실상대로 실행하는 것이 우리의 목적이다." (원기40년 1월)

4. 물의 덕

정산종사 물의 네 가지 덕(德)에 대하여 말씀하시기를

"첫째는 단력(團力)의 덕이며,

둘째는 강약(强弱)의 덕이며,

셋째는 청결(淸潔)의 덕이며,

넷째는 굴기성(屈起性)의 덕이다." (원기40년 1월)

5. 사람을 제재하는 세 가지

정산종사, 교무선 중 예회에서 말씀하시기를 "선방(禪房)은 풀무간이라 한다. 우리 대종사님께서도 좋은 쇠를 만들고 정금(精金)을 만들려면 풀무간이 있어야지, 없으면 이루기 어렵다고 하셨다. 강의를 듣고 염불 · 좌선을 하는 것은 공장이 망치를 들고 때리는 것과 같다. 그런데 그 망치 중에는 여러 가지 종류의 망치가 있다. 힘센 망치나 약한 망치나 어느 망치를 물론하고 유익 없는 망치는 없다. 이 망치에 튕겨나가는 사람은 단련을 이룰 수 없다. 그러니 모두 선중의 규칙을 지키는데 전력을 다하라.

사람을 제재(制裁)하는 세 가지가 있다. 하나는 내가 나를 제재하는 것이요, 둘은 모든 사람이 제재하는 것이요, 셋은 하늘 즉 자연 진리가 제재하는 것이다.

내가 나를 제재 못하면 그 다음은 모든 사람이 제재하게 되며, 그 다음에는 진리가 제재하게 된다. 재물 권리도 다 내가 스스로 제재 못하면 사람이 제재하고 사람이 못하면 진리가 재물을 빼앗고 권리를 약탈한다. 제가 저를 스스로 제재하는 것이 도인의 수행(修行)이다. 참으로 나를 생각하여 보면 천상천하 유아독존이다. 예수님을 하나님의 독생자라 하나 나는 다 독생자요 조물주요, 전지전능한 신이라 생각한다. 내가 최존최귀(最尊最貴)하다 하여 배를 내밀고 나타내려 들면, 천연적으로 감추어지고, 감추면 나타나는 원리가 있어 스스로 나를 높이게 되면 천(賤)하게 되고 만다.

우리는 이 진리를 생각하여 내가 나의 제재를 받고, 사람의 제재를 잘 받고, 진리의 제재를 잘 받도록 하라. 내가 나를 잘 제재하면 곧 법강항마위(法强降魔位)에 오른 사람이다." (원기40년 1월 8일)

6. 성년이란

정산종사, 성년식에서 말씀하시기를 "성년(成年)이란 두 가지 뜻이 깖아 있다. 나이가 차니 의무를 갖게 되는 동시에 책임을 가지게 되었다는 의미이다. 부담할 만한 책임이 부과되었다는 의미이나 개중에는 성년이라도 그 의무를 지키지 못하는 영원한 어린아이 같은 자가 있다.

성년이 될 때까지는 남의 은혜만 입는 처지의 아이들이었다가 보은의 의무를 느끼어 매일매일 회고 반성하여 남에게 덕을 입히고 정신 · 육신 · 물질을 통하여 남을 위하여 유익을 줄 수 있는 자가 되어야 참으로 성년의 가치를 발휘하는 동시에 나라의 경사이다. 남에게 덕을 입는 자는 미성년이요 남에게 덕을 입히는 자는 성년이다. 우리도 성년이 많이 나와야 교중의 경사요 나라의 경사요 세계의 경사가 될 것이다. 대자대비의 정신 아래 행(行)을 하여 발로됨이 곧 참된 어른이요 성년의 의무를 완전히 마친 것이다.

몸의 성년은 일정한 시일이 있으나, 마음의 성년은 그 시기(時期)가 없다. 즉 남에게 덕을 입히려는 때부터가 마음의 성년이다. 어른이란 남을 잘 용납하는 사람이다. 나이를 많이 먹어도 남을 용납하지 못하는 자는 어린아이이다.

여러분은 남을 위하는 자가 되고 복을 짓는 자가 될지언정 남에게 복을 받는 자는 되지 말라. 또한 남을 용납할지언정 남에게 용납당하지 말라. 모든 실천과 공부와 식견이 높으면 자연 어른 대접을 받게 된다. 내가 연조가 깊고 나이가 많다고 연조를 코에 걸지를 말라. 어른이다 하고 상을 내면 대우가 떨어진다.”

(원기40년 1월 15일)

7. 법문 듣는 도

정산종사 법문 듣는 도에 대하여 말씀하시기를 “첫째는 마음을 텅 비워야 한다.

강사에 대한 선입관, 내가 무던하다는 마음, 관문상(慣聞相)인 언제나 듣는 소리 또 듣는다는 상과, 현애상(懸崖相)인 내가 어떻게 부처님 자리에 이를 것인가라는 상, 지식상인 공부 좀 했다는 상 등을 다 놓아버리고, 좋은 말이든 나쁜 말이든 다 법문이니 마음을 텅 비우고 들어야 한다.

둘째는 간절히 도를 구하는 마음으로 들어야 한다.

불교는 공리(空理)를 위한 것이 아니요, 오직 생사문제와 인생문제를 해결하는 데 있다. 어떻게 해야 가치 있게 살 것인가 알려는 마음으로 들어야 한다.

셋째는 활용할 대중을 가지고 들으라.

들을 때는 실생활에 활용키로 생각하며, 경계에 다다를 때는 그 법문을 돌이켜 생각하라. 즉 법문과 생활의 일매화(一枚化)요, 법문무량 서원학(法門無量誓願學)하라.” (원기40년 1월 18일)

8. 대중을 인도하려면

정산종사 말씀하시기를 "대중을 인도하는 자는 항상 대중의 심중을 살피어 언교(言敎), 신교(身敎), 심교(心敎)로 지도하라. 아상(我相) 명리욕(名利慾)이 많은 자가 있으면, 엄책으로 인도하고, 노동을 싫어하는 풍(風)이 있으면 몸소 시범을 보여 미연에 방지하는 것이 천만방편이다.

또한 대중과 친근히 하여 감화를 주되, 때론 탐심(貪心)이 있는 체, 애욕(愛慾)이 있는 체하여 널리 화도(化導)하는 사람이 되라."

(원기40년 1월 19일)

9. 중생무변 서원도

정산종사 말씀하시기를 "이 세상에서 법설을 설함이 수없이 많으나 크게 세 종류가 있다.

첫째는 중생을 제도하기 위하여 방편으로 설하는 보살들과

둘째는 명예를 위하여 박식을 나열하면서 선전하는 자와

셋째는 생계를 위하여 말을 하는 무리가 있다.

우리는 중생무변(衆生無邊)의 큰 서원을 발하여 힘쓰는 것이 공통된 서원이다. 이는 교무선생에 한할 것이 아니라 일반교도는 법문을 듣고 옮기는 데 주력함이 불제자의 본분이다.

법문을 어떻게 설할 것인가에 대하여 네 가지 종류가 있다.

첫째는 남 먼저 실행하고 말하라. 가령 두 사람에게 알게 하고자 하고 느끼게 하고자 하고 행하게 하고자 하면, 먼저 자기가 알고 철저하게 느끼고 먼저 실행하는 사람이 되라. 교화함에는 언교(言敎)·행교(行敎)·심교(心敎)가 있다.

둘째는 연원(淵源)을 잘 대라.

자기가 주장하고 싶은 말도 성현이나 대종사님에게나 웃어른께 연원을 대라. 비유하고 설할 때 대중의 정신을 성현과 또 웃어른에게 근원을 대고 연맥을 대어 통하게 하라. 그리고 사업도 중앙으로 집중시켜야 공덕이 크게 발양된다.

셋째는 양면(兩面)을 두루 살피는 말을 하라.

큰 것을 주장 하면서도 적은 것을 살리어 말하고, 유(有)를 말함에 무(無)를 살리어 말하고, 출세간(出世間)을 말하되 세간(世間)을 떠나지 않고 말하라. 알리는 데 속한 말일지라도 행하는 면을 밝혀 말하고, 행하게 하는 말도 분석하여 이해함이 있게 하는 말이 법문이다.

넷째는 가없는 중생이 고루 알아듣게 하라.

부처님은 유무식 남녀노소가 다 영생을 밝혀가도록 광대한 법을 설하신 어른이다. 특수한 사람만이 들을 수 있는 법은 참 대도의 법이 되지 못한다. 지극히 간명하고 쉽게 말하여 쉽게 행하도록 하는 것이 참 법문이다." (원기40년 1월 1일)

10. 천지회운 정심대

정산종사 말씀하시기를 "대종사님께서 '야초점장 우로은(野草漸長雨露恩) 천지회운 정심대(天地回運正心待)라' 들풀이 점점 자람은 우로의 은혜요, 천지가 운을 돌이키니 바른 마음으로 기다릴지어다. 라는 말씀을 하시었다.

세계 사람이 평하기를 우리 한국은 종교적 소질이 풍부하다고 말한다. 과연 종교를 좋아하고 관념이 많은 것도 사실이다. 제일 특색 있는 조건의 하나는 이 나라에서 전 세계를 움직일 만한 종교가 나며, 큰 인물이 배출되어 큰 회상이 등장하리라는 예언이 많다는 것이다.

이천 오백년 전의 유점사 53불의 유래와 미래를 촌탁(忖度)할 만한 사람의 입을 빌려서도 법기보살의 기원지라 하며, 조선시대 당시의 예언을 빌려보더라도 요(堯)임금 당시 이상의 전무후무한 세상이 실현되리라고 하였다. 또 백년 이내를 보더라도 어떤 나라에서도 볼 수 없는 신흥종교가 많이 일어나 일제 당시로부터 지금까지 70여 종의 종교로부터 120여 종의 종교가 일어났다. 이것만으로도 큰 종교가 일어날 전제이다.

어떤 도인은 어느 종교이든지 각기 그 단체에서 구세주가 재현하였다고 하는 분이 그 종교의 교주라고 한다. 세계적 종교의 교주는 아시아에서도 한국에서 날 것이며 한국은 세계의 인류를 건지는 제단(祭壇)이 되리라고 한다.

다 각기 자기의 종교가 세계를 구원할 수 있음을 말하나, 각자 말만 가지고 되는 것이 아니다. 그 내용이 충실하게 갖추어져야 한다. 여러 도인의 예언이 사실로 실현될 것은 사실이나, 천도(天道)는 공정하고 그 주인이 될 요소를 가져야 되는 것이다. 아무리 그렇게 된다 말을 하나 그 자격을 이루지 않으면 너도 나도 허망한 꼴을 보고 만다. 그리고 한 회상에 모였다고 해서 모든 이가 다 대운(大運)을 받는 것이 아니요, 각자의 노력 적공 여하에 따라 대운을 받게 된다. 즉 정심(正心)이 운(運)을 돌이키기도 하며 운을 감당하게도 한다.

《세계문화사 대계》의 저서를 남긴 영국의 웰스(Wells, Herbert George)라는 사상가는 전무후무한 세상이 건립 되는데 종교로써 이루어진다고 하였다. 우리는 이 요소를 많이 갖추어 각기 새 세상의 주인이 되자." (원기40년 1월 20일)

11. 발원에도 중량이

정산종사, 교무 선을 마치고 본원반조(本原返照)하라 하신 후 말씀하시기를 "사람이 같은 것 같으나 어느 모로나 틀린 점이 있다. 의리나 마음도 같은 것 같으나 각각 다르고 우리 동지의 발원도 같은 것 같으나 그 중량(重量)이 각각 다르다.

생각과 공부가 다시 딴 마음이 없는 자, 딴 곳에 더러 마음이 뽑히나 다시 돌이키는 자, 그 마음이 많이 뽑히나 스승과 동지의 충고로써 돌이키는 자, 마음이 많이 뽑히어 일을 그르친 후에야 새 마음으로 돌이키는 자, 아주 뽑히어 일생 전로(前路)를 그르치는 자들이 있다. 우리는 이 다섯 가지를 잘 살피어 각자의 장래를 개척해야 한다.

'엄기심지 소자출(嚴其心之所自出) 근기심지 소유시(謹其心之所由施)라' 그 마음 일어날 때 엄하게 다스리고 그 마음 베풀 때에 삼가 행하라.

이는 한 마음 나려고 할 때 이 마음이 공(公)이냐 사(私)냐 하여 본원에 맞게 내는 마음이요, 또 이 마음을 쓸 때 본원에 맞게 사용하자.

'바늘 구멍에 황소 바람이 들어온다.' 는 말이 있는데 우리 마음 가운데 조그마한 사(私)가 있고 보면 크게 전로를 그르치니, 마음을 잘라 없애고 대원(大願)을 성취하라.

우리 전무출신이 만일 자기 안에서 솟아나는 마음으로 사는 것이 아니라 억지로 살고 보면 미래에는 도문(道門)을 여의고 악도로 들어가기 쉽다. 각자는 그 마음을 살피어 영원한 길에 유감(遺憾)이 없게 하라. 외화(外華)에 대하여 흠선(欽羨)하는 마음은 도가(道家)에서 멀어지는 근본이고, 본원(本源)을 반조해 보는 마음이 부처와 가까워지는 마음이다. 본원의 도(道)에 가까워져야 소망을 이루게 된다."

(원기40년 1월 25일)

12. 도치 · 덕치 · 정치

정산종사 교무선 결제식에서 다스리는 길 세 가지에 대하여 말씀하시기를 "첫째는 도치(道治)이다. 이는 자성을 각득하여 불생불멸 인과보응을 깨치어 무위이화로 다스리는 것이다.

둘째는 덕치(德治)이다. 이는 겸손, 사양(辭讓), 사랑, 자비로 다스려 가정 · 사회 · 국가에 평화안락을 실현하는 것이다.

셋째는 정치(政治)이다. 이는 안녕질서를 유지하여 대의와 기강을 세워 다스리는 것으로 각 방면의 생활능력을 촉진하는 것이다.

(원기41년 9월 26일)

13. 장성진 강연 강평

정산종사 장선진의 '표어'에 대한 강연을 들으시고 강평하시며 말씀하시기를 "첫째, 고불미생전(古佛未生前)의 원리(原理)를 구명(究明)하라.

둘째, 사양(辭讓)은 잘한다는 뜻이 나타나는 것이니, 사양은 적당히 하라.

셋째, 무슨 강의든지 아무리 고상한 뜻을 설했다 할지라도 실행처(實行處)에 결합시켜 결실(結實)을 맺게 하여야 한다. 결실이 없는 말은 사어(死語)가 되고 만다.

넷째, 외제(外題)를 하지 않고 정맥(正脈)을 따라 선(線)을 세울 일이다.” (원기41년 9월 27일)

14. 이경순 강연 강평

정산종사 이경순의 ‘법위등급’에 대한 강연을 들으시고 강평하시며 말씀하시기를 “첫째, 예(例)를 들 때에는 남의 잘한 점을 열거하며 다른 종교의 평(評)을 하지 말라.

둘째, 퇴전(退轉)은 법강항마위에서도 있을 수 있다. 그것은 최후일념에 달(達)하여 빈곤(貧困)에서 향락(享樂)을 바라면 도로 매(昧)해진다. 출가위 이상이 되어야 불퇴전(不退轉)이다.

셋째, 공부의 터전은 정특지경(正特地境)에서 반 이상 공부를 성취하게 된다.” (원기41년 9월 28일)

15. 김근수 강연 강평

정산종사 김근수의 ‘휴휴암좌선문’에 대한 강연을 들으시고 강평하시며 말씀하시기를 “첫째, 몽산덕이화상(蒙山德異和尙)의 작품이 사실이다.

둘째, 여시아문(如是我聞)이 수십 건으로 해의(解義)되어 있다. 그와 같이 번설(煩說)이 되면 참 뜻을 그르치고 만다. 대의(大義)를 새기는데 중점을 두어라. 공적과 영지, 진공과 묘유면 그 대의가 완연(完然)하니, 안으로 망념(妄念)을 쉬어 일심이 나타나게 하고, 밖으로 염착(念着)이 없이 계문을 잘 실행하라. 금강경(金剛經)도 대의를 새긴 것으로 원문(原文)을 삼는다." (원기41년 9월 29일)

16. 이공전 강연 강평

정산종사 이공전의 '기도'에 대한 강연을 들으시고 강평하시며 말씀하시기를 "기도는 일원의 위력을 얻어 안심입명(安心立命)을 얻게 하고, 일이 지난 뒤에는 참회로써 미래를 표준하고, 자신할 만한 타력(他力)을 얻어 전로(前路)를 개척하며, 안분(安分)의 도(道)로써 지상극락을 이룬다.

또한 한다 하는 의식이 없이 항상 기도드리는 심념(心念)으로 재계(齋戒)하고 보면 원력이 쌓이어 금생(今生)을 마치고 후생사(後生事)를 결정하는 중요한 힘이 된다." (원기41년 9월 30일)

17. 이수의 곧은 낚시

정산종사 말씀하시기를 " 속담에 가난한 자는 보릿고개가 제일

어렵다고 한다. 공부하는 도중 고개는 중근기의 고개이다.

강태공은 곧은 낚시 삼천 개를 던지며 매일 정력을 익혔다. 강태공의 처 마씨 부인은 비가 와서 떠내려가는 피 덕석을 보고 동시에 방안에 앉아 있는 강태공을 보면서, 기가 막혀서 그만 함께 못 살겠다고 이별을 했다. 그리고 사흘 후에 무왕이 강태공의 곧은 낚시에 걸려온 것이다. 무왕이 보내는 수레에 올라타고 영화의 길을 가는 노상에서 강태공은 마씨 부인을 지나치게 되었다. 부인은 '예전의 정의로 나를 데리고 가 달라' 하니, 강태공이 답하기를 '그러면 동이에 물을 가져오라' 하였다. 부인은 얼른 시키는 대로 가져왔더니, '그 동이의 물을 땅에 부어라' 하여 부인은 땅에 부었다. 강태공이 말하기를 '다시 동이에 주워 담으라' 하니, 부인이 울면서 '엎질러진 물을 도로 주워 담을 수 없나이다.' 하며 한탄하였다. 강태공은 부인을 뒤로 하고 가면서 '나와 이별을 한 것도 엎질러진 물과 같소!' 하며 지나갔다.

성자는 회상(會上)에 한 사람이라도 정진(精進)하는 사람이 있어야 회상을 열고 법을 설하며 한 사람도 없으면 그 회상을 뜬다. 우리 대종사님 회상은 그러한 동지를 많이 가진 전무후무한 회상이다." (원기41년 9월 30일)

18. 정진숙 강연 강평

정산종사 정진숙의 '법률은'에 대한 강연을 들으시고 강평하시며 말씀하시기를 "천지의 공정은 절대 평등한 입장으로 인과보응의 이치가 소소영령하며, 인간의 공정은 사사(私邪)에 끌리지 않는 사(私) 없는 평등한 마음, 곳에 맞는 중도행(中道行)이어야 한다."

(원기41년 10월 2일)

19. 김중묵 강연 강평

정산종사 김중묵의 '석존의 지혜와 능력'에 대한 강연을 들으시고 강평하시며 말씀하시기를 "어떤 말은 지혜가 솟는 말이 있고 어떤 말은 지혜가 막혀진다. 그러므로 공부와 적공이 있는 말이어야 심금을 울릴 수 있다. 석존의 지혜와 능력을 화두로 많이 읽고 연구하라. 대원정각(大圓正覺)을 하고 보면 여러 가지로 통하게 된다.

불가에서는 삼명육통(三明六通)이라 하나 대종사님께서는 삼통(三通)을 밝히셨다. 삼통은 도통(道通) · 법통(法通) · 영통(靈通)이다. 도통은 대소유무의 원리를 해득하여 견성 하신 분, 법통은 인간의 시비이해의 법을 짜는 분과 세계적으로 만국만민을 구제하는 법을 제정하시는 분, 영통은 신통, 영적으로 통하신 어른이다.

대각여래위에 오르셔도 중생제도를 많이 하시면 매해질 수도 있다. 삼통을 얻는 지경은 법강항마위는 견성이고, 출가위는 합덕 도통이며, 대각여래위는 능력을 자유자재하는 힘이다."

(원기41년 10월 3일)

20. 이완철 강연 강평

정산종사 이완철의 '삼학'에 대한 강연을 들으시고 강평하시며 말씀하시기를 "대종사님께서는 '너희들이 정전(正典)과 법(法)을 듣고 통곡을 할 정도로 좋아해야 참 제자라' 하셨다.

수양력(修養力)은 정력(定力)으로 정(定)자는 그칠 정자이다. 보통 사람의 마음은 외경(外境)으로 달리는데 이 마음을 염불(念佛)로 불러들이고 단전(丹田)에 주(住)하게 하여 그 마음을 그치게 하여 자주력(自主力)을 얻게 하는 공부이다.

한학에 유명한 분이 49종재에 와서 묻기를 '무슨 공부를 하는가?' 하여 '마음을 쓰는 공부를 하노라.' 답하였다. 그가 다시 묻기를 '누구나 자기 마음대로 하지 않는가?' 하여 되묻기를 '그러면 당신은 진심(瞋心)도 참을 줄 알고, 당신의 마음도 내고 들이는 것을 원하는 마음대로 할 수 있으며, 입정(入定) 출정(出定)도 마음대로 할 수 있느냐?' 하니 그 사람이 답하기를 '그것은 못 하겠습니다.' 하더라.

천만경계를 응하되 자유자재하는 능력이라 하여도 그 중에는 엷은 얼음 같은 사람, 두터운 얼음 같은 사람, 태산 같은 힘을 가진 사람 등의 차이가 있다. 희로애락을 자유로 하는 큰 힘이 생(生)하매 극락의 지경을 이룬다. 수양력이 주(主)가 되어야 연구력과 취사력을 얻게 된다."

21. 이어서 말씀하시기를 "돌도 닦고 보면 번쩍거리는 것과 마찬가지로 우리의 지혜도 자주 갈고 연마하면 할수록 비로소 대중이 응하는 큰 지혜가 밝아진다. 단번에 환히 깨쳐지는 것이 아니라 깨치는 것도 천층만층이다. 대종사님께서 환희용약(歡喜踊躍)하는 기쁨을 얻은 지경에서도 '불여만법 위려자 시심마(不與萬法爲侶者是甚麽)라' 는 말씀에 막혔다고 한다. 깨치는 것도 오전과 오후가 다르게 깨쳐지고 막혀지고 한다. 그러므로 혜월(慧月)을 밝혀야 한다.

대소유무(大小有無)를 깨쳐서 이치에는 환히 밝아도 회상을 열어서 중생제도의 경험을 얻지 못하면 시비이해의 일에 통달하지 못할 수 있다. 이것을 쌍으로 닦아서 복족혜족(福足慧足)의 근원을 얻으라."

이어서 말씀하시기를 "실행(實行)하는 데 능력을 얻어서 정의이어든 죽기로써 행(行)하고 불의이어든 죽기로써 아니하는 능력적 도력을 갖추어 복족(福足)의 근원을 얻어야 한다. 수양 · 연구 · 취사 이 셋이 하나이지 각각이 아니다. 그러므로 일방으로 능하고 솟은 부분은 잠시 멈추고 부족한 점은 보충하여 불지경(佛地境)에 이르데 편도(偏道)만은 이루지 말라. 의원도 의술이 있으나 약재를 써

보지 못한 자는 의공(醫工)을 나툴 수 없다." (원기41년 10월 4일)

22. 전무출신이 주의할 점

정산종사 전무출신으로서 주의할 일에 대하여 말씀하시기를 "첫째, 남녀 관계에 의심을 받지 말라.

둘째, 물질에 대한 의심을 받지 말라.

셋째, 중근기 때를 주의하라. 천명 중 구백 구십 구명이 떨어지기 쉽다. 넷째, 공부에 정로(正路)를 잡아라.

다섯째, 공부인의 본분을 지키라. 친교(親交)는 있을지언정 당(黨)을 짓지 말라." (원기41년 10월 5일)

제6편

연도미상 법문 1

세상 사람들은

곡식 많은 것을

내 살림살이로 알지마는,

참으로 내 것이란

바로 내가 익힌 좋은 습관,

진리의 좋은 법을 가득 채우는 것이

참으로 내 살림살이다.

1. 심학과 인농

정산종사 말씀하시기를 "예로부터 인간사회는 사농공상으로 조직되어 있다. 사(士)는 선비를 이름이요, 선비 중에는 학사니 박사니 하는 종류도 많다. 정신계에서 활동하는 이도 선비라 한다. 그러므로 우리들도 선비의 하나이다. 현대에 나열해 있는 문학 하나를 들어 보아도 선비의 범위는 넓다.

이 많은 선비 중에서 가장 주장이 되며 근본을 다스리는 왕이 되는 선비는 어떤 선비인가! 만약 글만 하는 이라 한다면 우리 교중에서 글 못하는 이는 못하겠다고 하리니, 어떠한 선비를 이름인가?

심학(心學)이 곧 선비 중의 으뜸이다. 이 공부로 말하면 설사 글을 몰라도 능히 공부를 할 수 있다. 왜냐하면 마음을 알려 주고 마음을 배우는 것이 참 선비이기 때문이다. 물질문명으로 말하면 편리를 도모할 수 있으나, 마음을 배우는 이 공부에 중심이 없고 보면 완전한 문명사회를 이루지 못한다.

죄(罪)도 멍청하고 재주 없고 보면 못 짓는 것이요, 재주 있는 자가 큰 죄를 짓는 것이다. 과학이 발달되고 문학이 발달될수록 이 도덕과 종교의 심리도학이 없거나 이에 힘쓰는 선비가 적고 보면 대단히 복잡할 것이다. 그러므로 심리도학으로 말하면 시(時)가 급하고 요긴하다.

밖으로 기술이 좋아 갈수록 안으로 마음의 중심을 잡고 닦아가야 할 것이다. 마음을 배우고 알려주고 마음을 법으로 질 박는 이 길을 닦아가면서 문학도 배워야 참으로 위대한 인격자가 된다. 여러분은 마음을 배우고 닦는 선비가 되어 개인 · 가정 · 사회 · 국가를 잘 다스려 가는 동시에, 다른 선비를 지도해야 한다.

농업이라 하여도 축산업 · 과수업 · 밭농사 · 논농사 · 누에 키우기 등 그 종류가 참으로 많다. 무엇이 중심되는 농사일까? 사람농사가 중심이라고 할 수 있다. 사람을 잘 가꾸는 것이 가장 크고 제일 가는 것이다. 가정에서도 자녀를 잘 가르쳐야 가정에 여진이 있다.

옛 말씀에 낳기보다 기르기가 힘들다고 했다. 사람을 잘 가꾸어야 근본을 실하게 이룰 수 있다. 농사도 잘못 가꾸면 키만 크고 결실이 없는 경우가 많은 것같이, 사람도 밖으로 과학이나 문학에만 집중하면 결실이 없는 나무와 같다. 그러므로 도학을 중심삼고 가정과 사회에서 힘을 써야 한다. 신근(信根)이 지극히 굳고 철저히 서도록 해야 한다. 그래야만 농사를 잘 짓는 사람이 된다.

신라의 이차돈 같은 신근이나, 예수님 같은 순교정신을 가진 분들이 많아야지, 교도나 신도 수만 많다고 되는 것이 아니다.

자녀로 말하더라도 자녀수만 많은 것보다도 한 자녀만이라도 진실하고 떳떳한 자녀가 있어야 한다. 사회활동을 할 때에도 진실한 인물을 양성해야 한다. 그러하려면 자기가 먼저 참 인물이 되어야 참 인물을 얻을 수 있다.

달마대사는 양무제를 만났으되 참되지 못하여 놓아 버리고, 마침내 혜가대사를 만나 참된 인물을 얻어 불법을 빛냈다. 진실한 사람을 얻어 도학을 빛내고 보면 참으로 큰 수확을 이루었다고 볼 수 있다.

우리 조선으로 말하면 교육이 부족한 탓에 진실한 사람을 양성하지 못하였다. 내 자신이 곡식은 될지언정 풀이 되어서는 못쓴다. 가정 · 사회 · 국가에 유익이 될 인물이 될 수 있도록 가꾸는데 전력하라."

2. 마음의 방언이 새는 이유

정산종사 말씀하시기를 "연전에 영광에 있을 때 방언이 자주 터져서 심히 걱정을 하며 왜 그런가 하고 생각하여 알아 본 바, 쥐가 구멍을 뚫어 터지게 한다는 것을 알게 되었다. 조그마한 쥐가 들어 백여 두락의 넓은 언답을 방해하는데, 우리 마음에는 무엇이 들어서 넓은 심지(心地)에 평화와 안락을 끊고 고통과 사심을 나도록 하는가?

그것은 곧 욕심이요 불같이 일어나는 욕망이다. 인생은 요구조건이 많다. 잘 나고 싶고 이름을 드러내고 싶고 권리를 잡아보고 싶고 잘 먹고 잘 입고 잘 쓰고 싶다. 그러한 욕망이 심한 즉, 악(惡)으로 화(化)하여 고통의 결과를 짓는다.

부모는 자식에게 자식은 부모에게 서로서로 요구하는 것이, 내가 남을 위하려는 것보다 요구하는 심리가 더 심하다. 피차는 다 그만두고 나만 위하고 나의 뜻을 맞추어 달라는 데에서 불평이 생기는 것이다. 국가끼리도 서로 내 요구만 바라고 사회도 내 요구만 들어달라는 가운데 불평이 생기고 나아가 개인 · 사회 · 국가에 탐 · 진 · 치로 화하여 악마의 파도가 일게 된다.

진리에 바탕하여 공심이 있고 서로서로 위하여 주는 세계는 평화와 웃음과 안락이 온다. 이런 자는 자연의 진리에 응하여 병을 치료할 때에도 자연으로 하고, 부귀영화와 권리와 명예의 일체 요구도 자연으로 하여, 모든 일을 다 자연에 바탕한다.

일을 당할 때 정의와 불의를 가려 정확한 취사로서 정의만을 진행한 즉, 무슨 사심과 불평이 오리요. 여러분이 마음의 언을 잘 막기로 하면 자타의 국한을 벗어나 자연적 행동을 하라. 중생의 욕심을 버리고 부처님의 대욕(大欲)을 발(發)하여 오직 의리에 입각하여 진리(眞理)와 의리(義理)로 나가라."

3. 지행의 근본

정산종사 말씀하시기를 "사람이 모든 만상(萬象)에 대하여 그 이름 하나 알기는 쉬우나 그 근본원리를 알기는 어렵다. 행(行)에 있어서도 일시적 선행을 하기는 쉬우나 영원히 계속하기는 어렵다. 진정으로 아는 것과 형식으로 아는 것이 다 각각 자기의 행동으로 나온다. 그러면 각각 자기가 진정으로 아는가 모르는가 어디 한번 양심적으로 대조하여 보라.

불생불멸의 진리에 실지 마음을 조사하고 대조하여 보라. 대종사님께서 법설에 이르되 '한 사람이 화재보험에 가입하였는데 불이 나도 태연하게 있었으니, 그는 화재보험으로 새로이 좋은 집이 생길 줄 안 연고이다.' 고 하시었다.

불생불멸의 진리를 아는 자라면 생사의 난경이 압도(壓倒)하여도 태연자약(泰然自若)할 것이다. 우리 전무출신도 근본적으로 낙도한 자는 얼굴에 나타나 있다. 우리 선배 중 일산 이재철 선생과 도산 이동안 선생이 낙도하는데 관상 볼 줄 아는 자가 와서 보고 놀라면서 '무슨 좋은 일이 있느냐' 고 물었다고 하더라. 이와 같이 항상 새로운 생각, 부처님을 뵈온 생각, 사업 초창기에 들어온 재미로서 낙도 하라. 동지들이 알아주거나 말거나 대우를 하거나 말거나 오직 도(道)로서 낙을 삼으라.

진채의 난으로 공자와 삼천 제자는 초나라에 7일 동안 진중에 포위되었지만 낙도하는 심경이 장하였으므로 오늘날에도 그 역사와 도덕이 우리 인류의 표본이 되고 있다.

저 태양은 흑운 중에 들어 있으나 그 광명 자체는 여여자연하다. 마찬가지로 우리도 정의에 입각하여 진리적 생활을 하는 현재에는 비록 천만인이 몰라준다 하더라도 드러날 때가 있다는 원리를 알아 행할 것이다.

교중 살림이 꼭 내 것인 줄 아는 자라야 진지(眞知) 진행(眞行)이 있다. 진심(眞心)에서 우러나와 살림을 하는 자라야 아끼는 마음이 나온다. 껍데기로 아는 자는 아무리 공심을 내는 체하여도 진심(眞

心)이 나오지 않는다.

마음이란 크기로 하면 천지를 뒤엎을 심경이요, 작기로 말하면 겨자씨에도 포함이 되어 있으니, 이 진심을 알아서 근본 공심으로 나아간다면 이것이 곧 진정한 사회주의다.

원불교를 좋게 하는 것이 곧 시방세계를 좋게 하는 것이니 근본지를 알고 근본행을 하는데 노력하라.

불보살의 사리(舍利)나오는 것은 인욕지공(忍辱之功)이요,

하고 싶은 것을 참는 것은 영단(靈丹)이요,

하기 싫은 것을 참는 것은 영력(靈力)이다."

(원기?년 3월 17일)

4. 법률에 대하여

정산종사 천(天)의 법률과 인(人)의 법률에 대하여 말씀하시기를 "법률에는 우주의 법률이 있고 인간의 법률이 있다. 우주의 법률은 자연 진리 인과의 법칙인 무루(無漏)의 진경(眞境)이다. 인간의 법률은 정치적 법률과 도덕적 법률이 허다한 그 강령을 이름이다.

인간의 법률이 공정하면 우주의 법률에 합(合)하는 것이다. 우주 자연의 원리는 물샐틈도 없고 호리도 속일 수 없다. 고로 양심은 아무리 조그만 것이라도 속일내야 속일 수 없음을 아는 자는 우주의 진리 법률을 아는 것이다. 양심에 속임이 없어야 우주의 법률을 속

이지 아니한 자요, 참으로 진리를 아는 자이다.

인간의 법률에 있어서 조문(條文)만 지키는 것으로 그치는 것이 아니라 일동일정(一動一靜)에 일거수일투족(一擧手一投足)이 법률에 관계되어 있다. 실지 실행에 있어서 말과 행실이 여일(如一)치 못한 자는 참으로 알지 못하고 신앙이 견실치 못한 것이다. 양심의 심판을 하는 자라야 신앙이 굳은 자요, 참으로 아는 자이다.

인간 법률에서는 죄복을 추호도 틀림없이 판단할 수는 없으며, 우주 법률도 인간이 들어 한다면 추호도 빠짐없이 다할 수 없다. 오직 진리(眞理)이기에 추호도 틀림없이 행정을 하고 있는 것이다. 따라서 양심의 심판도 소소영령하면 우주와 일치한다.

천시(天時)를 보면 180년이 되면 도로 그 시기가 돌아온다고 한 것이 꼭 그대로 되는 것과 같이, 진리로 미루어 본다면 지은 바에 호리도 틀림없이 기회를 따라 받게 된다.

신앙에 있어서 형상을 믿는 것은 초보적 신앙이요

명사(名詞) 즉, 관념적으로 믿는 것은 다음 단계의 신앙이요

우주의 진리신앙 즉, 이 우주의 진리를 신앙하는 것은 양심을 속이지 않고 진리에 부합된 생활을 하는 것이다.

우자(愚者)는 양심을 속이고도 알지 못하는 것이 마치 어린이가 보물을 주워도 그 보물을 알지 못함과 같다. 오직 아는 자라야 실지 실행을 할 것이다. 여러분은 참으로 아는데 노력하며 실행하되 자율적으로 실행하라."

5. 이상하고 신비한 것

정산종사 말씀하시기를 "사람은 누구나 이상하고 신비한 것을 바라고 원하여 즐기나, 참으로 그 길을 알려고 하는 자는 적다. 내 오늘은 그 진리를 알려 주리라.

불경에 이르되 '욕지전생사(欲知前生事)인댄 금생수자시(今生受者是)오, 욕지내생사(欲知來生事)인댄 금생작자시(今生作者是)라' 하였다.

이 진리를 아는 자는 다 알 것이다. 우리 인간은 복을 짓지 아니하고 복 받기를 원한다. 인덕(人德) 없다 한탄하고 재수 없다 한탄하는 자는 많으나, 그 원리를 밝히려고 하는 자는 심히 적다. 삼세의 진리를 달관하는 자에게는 장중(掌中)의 구슬과 같다.

이 세상에서 시방(十方)을 내 집으로 알고 공심과 자비로서 활동한 자는 얼마동안 하다 보면 결국은 자기를 위하는 것이다. 이러한 자는 금생뿐만 아니라 시간과 공간을 통해서 도도처처(到到處處)에 나를 도와 주고 옹호하여 주니 인덕(人德) 많고 재수 좋고 복이 많을 것이다. 반대로 항상 남에게 도움을 바라고 남에게 손해를 주어 자기의 유익만 도모하면 시간과 공간을 통하여 도도처처에 침해와 손실을 당하는 사람이 될 것이다. 인과의 변복(變服)은 소소영령하여 추호의 어김이 없다.

어느 날 영광에서 한 사람이 와서 '삼년간 실농(失農)을 하였다' 고 했다. 근방 논은 그대로 있는데 꼭 그 논만 야수(野獸)에게 삼년간 해를 입게 되었다 하니 그것은 우연한 일이 아니요, 진리가 하는 일이다.

사람이 죽는 것도 비운(悲運)에 가는 것이 절대 아니다. 꼭 진리가 하는 일이다.

경상도 반연(班緣)에 신부가 신행(新行)을 하고 시집에 당도하니, 여우귀신사당에 먼저 인사를 드리라 하더란다. 그러나 신부는 '최령한 인간이 어찌 여우귀신에게 절을 할까보냐' 하며 인사를 하기는커녕 그 여우귀신의 사당을 부숴 버리는 대담한 처사를 하였다. 그 후 아기를 낳았는데 나면 죽고 나면 죽고 하여 둘이나 잃었더니, 그 여우귀신 사당을 부순 과보라고 사람들이 수군댔다. 셋째 아이를 임신하였을 때 꿈에 그 여우가 나타나자 부인이 큰 소리로 '이놈의 요망한 여우귀신아! 내 아이들을 잡아가게 내버려 둘 것 같으냐. 차라리 내 손으로 없애 버리겠다!' 고 울부짖으니 그 여우가 '죽은 두 아이는 명이 짧아 그랬고 이번 세 번째 아이는 명이 긴 아이니 그러지 말라. 만일 죽인다면 여우인 나의 장난으로 인해 나타난 불상사라 내가 그 과보를 받게 되니 두렵다. 제발 그 아이 죽이지 말고 잘 키우라. 나는 이제 여기를 떠난다.' 하는 말을 남겼다 한다. 여우의 말대로 그 아이는 잘 자라서 훌륭한 사람이 되었다고 한다.

추호불차(秋毫不次)한 인과 진리임을 알아 생활하여 나간즉 삼세지사(三世之事)에 신기한 기틀을 환히 알 것이다."

(원기?년 6월 6일)

6. 천어(天語)

정산종사 말씀하시기를 "천어(天語)란 말이 있는데 무엇을 일러서 천어라고 하는가? 말하여 보라."

이은석이 답하기를 "지공무사한 마음에서 나온 거짓 없고 사가 없는 말을 천어(天語)라 하겠습니다."

말씀하시기를 "거짓이 없고 사욕이 공(空)하여 나오는 말이 곧 천어이다. 한 사람이 술에 독취(毒醉)하여 길에서 잠이 들었다. 매형이 그것을 보고 주머니에서 소판 뭉칫돈을 가져가 버렸다. 술이 깨어 집에 돌아와 주머니를 본 즉 돈이 없는지라 답답해 하다가 '천진한 어린아이는 다 안다더라' 하여 4살 먹은 아이를 데려다가 그 앞에 자리를 펴고 청수를 올리고서 돈 가져간 자를 알려달라고 빌었다. 천진한 아이는 그냥 '고모아빠'를 불렀다. 그래서 곧 고모아빠를 찾아 가서 본즉 그 돈이 있었고 바로 내어 주었다 한다.

이것이 곧 천어가 아니고 무엇이랴. 무슨 일이 있으면 대중이 모이어 지공무사한 심경으로서 처리를 한즉 이것이 곧 천어이며, 동시에 하늘이 허락한 것이다.

회의석에서도 발언권과 가결권이 있다. 천지공사에는 어떠한 자가 발언권과 가결권이 있는가? 곧 천지와 둘이 아닌 지경에 이른 자는 일체 사념이 돈공(頓空)하여 지공무사한 진경에 들어 있어 모든 말이 사가 없다. 그러니 여러분은 멀리 명부전(冥府殿)에 갈 것이 아니라 자기가 판관(判官)이 되도록 공을 들이라." (원기?년 5월 9일)

7. 소원을 이루는 비결

정산종사 말씀하시기를 "세상에 사는 모든 사람은 다 각기 소원이 있다. 내 오늘은 여러분에게 소원을 이루는 비결을 말하여 주리라. 그러나 이 비결은 마음에 명심하여야 좋은 비결이 될 것이다.

옛날에 한 사람이 문장가가 되고 싶어서 3년 동안 스승에게 시봉을 올리고는 문장가가 되는 공부를 물으니 '많이 읽고 많이 지으라.' 고 하거늘 처음에는 시시하게 생각하다가 나중에 의미 있는 말씀으로 느끼어 그날부터 그 말을 명심하여 각고의 노력을 한 결과 후일에 큰 문장가가 되었다 한다.

약이라 하더라도 다 쓸 자리에 잘 이용하여야 약이 된다. 우리의 법도 잘 이용하고 보면 다 혜복(慧福)을 얻게 된다.

우리의 소원을 이루는 비결이란 무엇이냐! 오직 정성이다. 사람이 시작은 잘하나 계속하지 못하여 성공하지 못하는 것이다. 촌에 가보면 어려서 서당 아니 다닌 사람이 없고, 천자문 아니 배운 사람이 없건마는 계속하지 못하여 한자(漢字)도 모르고 한글도 모른다.

한번 시작 했으면 끝까지 계속하여 성공을 거두어 보자. 아이를 키울 적에나 농사를 지을 적에도 끝까지 정성을 다해야 수확과 성공을 이루는 것이다. 서로 좋지 못한 사이일지라도 끝까지 잘 실행하고 보면 결국 좋아지는 것이다. 우리의 계문도, 공부의 실행도 정성스러우면 다 이루어진다. 범부는 일생만 정성스러우나 성현들은 영겁다생을 두고 정성이 한결같다.

동지들한테도 참으로 평화한 심경을 계속 잘하고 보면 평화의 동지를 만나게 되며, '성불하게 하소서' 하며 일생 동안 심고를 올리면 그 열매를 맺게 된다. 보은미로 말하더라도 매일 심고 드리며 떠내고 또 떠내면 그 정성이야말로 부처님께 참으로 큰 복이 된다. 부처님에게 복을 짓는다 하더라도 대개 처음에는 잘하는 자 많으나 나중에까지 계속하는 자는 드물다.

옛날 한 사람이 농사짓는 여가로 십년 동안을 매일 돌을 주워 오다가 하루는 금석(金石)을 주워온 것과 같이, 한번 작정하고 계속하고 볼 것 같으면 제불조사의 원조(援助)를 받게 된다. 정성이 참 비결이니 성공하기 바란다." (원기?년 5월 26일)

8. 견성 방법

정산종사 말씀하시기를 "여러분은 각기 화두(話頭)를 가졌는가? 칠보궁전에 무궁보물이 가득 있는데, 대범 화두란 비하건대 그 보물을 얻는 궁전의 열쇠와 같다. 만일 사람이 열쇠를 가지고 그 궁전에 들어가 대보(大寶)를 얻었다면 얼마나 즐거운 일인가! 화두도 이와 같아서 대의(大疑)만 깨치면 한량 없는 지혜광명이 용출(湧出)한다.

간화선(看話禪)의 화두를 드는 데에도 삼종(三種)의 방법이 있다.

첫째는 의리선(義理禪)이다. 의리선이라 함은 화두를 논리적 이론적으로 분석하여 해석함이다. 초학자는 먼저 의리선으로 구분한 후에 다음으로 옮겨야 한다.

둘째는 여래선(如來禪)이다. 여래선이라 함은 적적대의(的的大義)의 일체법이 공(空)한 자리에 그쳐 있음이다.

셋째는 조사선(祖師禪)이다. 조사선이야말로 대승적 진공묘유의 지경이다. 만약 화두를 들고자 한다면 의리선에서 여래선으로 구경(究竟)에는 조사선으로 밟아감이 순서이다.

불가에서는 '24시간 염념(念念)불망(不忘)하라' 하여 초입자는 잘못하면 상기(上氣)가 되고 도리어 병을 초래하는 일이 없지 않았다. 그러나 우리는 수양시간과 연구시간을 따로 정하였으니 그러한 폐단은 없을 것이나 화두를 드는 데에도 야반청신(夜半淸晨) 즉 정신이 상쾌하여 아무 고통을 느끼지 않을 때에 깊이 연구해야 한다. 그러나 도리어 산란한 생각만 계속하면 중지하고 다음에 그런 기회를 이용하여 적공하라.

닭이 알을 품고 있을 때를 보면 발로 알을 궁굴리기를 오래 계속하면 알 속에서 삐약하고 어여쁜 병아리가 나오게 된다. 화두를 드는 것도 이와 같아서 이번에 들어보고 후에 들어보고 하면 어느 날에는 만고(萬古)의 대보(大寶)요, 시방계(十方界)에 위없는 일원(一圓)의 진리를 얻을 것이다. 여러분은 하루속히 자성혜광(自性慧光)을 밝혀 중생제도에 힘쓰라."

9. 부처님의 이해

정산종사 말씀하시기를 "부처님과 중생이 이해(利害)를 취하는 법이 다르다. 부처님께서는 순리(順理)로서 이해를 취하고 중생은 역리(逆理)로서 취하는 것이다. 부처님께서는 자신의 명리(名利)를 위해서는 조금도 힘쓰신 바가 없건마는 만 중생이 옹호하며 대복전(大福田)이 돌아오니 이것이 진리다. 대인은 인의(仁義)에만 힘쓰면 명예도 복락도 재물도 자연 중 따른다. 소인들은 진리는 알지 못하고 목전(目前)의 이욕(利慾)만 찾으니 이것이 역리(逆理)의 이(利)이다. 역리의 이는 반드시 재해가 따르게 되나니, 여러분은 부처님의 이해를 찾으라."

10. 육근의 상부상조

정산종사 말씀하시기를 "여러분에게 직접 관계 깊은 선생을 알려주리니 명심하여 들으라. 가령 눈은 보는 책임이 있고, 입은 먹을 책임이 있다. 그 외 육근(六根)이 다 각기 책임도 각각이다. 그러나 눈이 아프면 입이 즉시 방송하여 의사를 청한다. 또 손이 병들면 눈이 즉시 보아서 발을 보내서 약을 구한다. 이것이 책임은 다르나 상부상조하는 것으로서 육근이 크게 밀접한 것이다. 우리 대중도 이를 본받아서 각자 책무가 다르지만 틈 없는 심경으로 상부상조해야 한다.

만일 손이 병이 들었을 때 눈이 돌아보지 않는다든지 발이 눈 아플 때에 아니 돌아본다면 필경 그 육신은 폐인이 되고 말 것이다. 지금 대중이 모여 각기 책임을 맡고 사는 것이 이 육근과 같나니 상부상조하면 못할 일이 없지마는 만일 그렇지 못하면 공중사를 이룰 수 없다. 여러분은 이 이치를 잘 알고 명심하여 대중을 한 몸으로 알아 상부상조하라."

11. 미륵불

정산종사 말씀하시기를 "미륵불(彌勒佛)이란 근실(勤實)이란 뜻이다. 근(勤)이란 즉 의뢰심을 버리고 오직 자주력의 정신으로 만사를 자각으로 한다는 뜻이다. 과거에는 하나님이나 부처님이나 신(神)에게 의지하여 염불도 하고 경전도 보았다. 자기의 심신은 자행자지(自行自止)하며 일체의 죄복을 부처님이나 하나님에게 빌면서 어리석게 천당에 갈 것을 의지하는 타력에 끌린 종교를 신앙하였다. 개인이나 사회에 있어서도 어느 방면으로든지 남을 해하여 자기만 이롭게 하는 이기주의에 눈이 밝았다.

그러나 앞으로는 자각적(自覺的) 근(勤)의 정신으로 의뢰심과 타력정신을 없애고, 자각해서 자주력 정신으로 종교를 신앙하되 자력으로, 남을 이롭게 하되 자력으로, 정신 · 육신 · 물질 삼방면으로 노력하되 자력으로 남에게 덕과 이로움을 베풀 것이며, 적게 베푸는 것을 스스로 한탄하며 근심하게 될 것이다. 이것이 곧 근(勤)이다.

실(實)은 실다움을 이름이다. 재래 경전은 장엄이 십에 팔구나 된다. 그러나 앞으로는 인지의 발달을 따라 실지(實地)만을 구하게 된다. 과학적이라야 하고 현실적이라야 한다. 오직 정법이라야 출세하게 된다. 재래에는 밤 시대라, 장엄과 허언(虛言)이 득세하였고 방편이 칠팔이 되어 있었으며, 권모술수가 세력을 잡았다. 그러나 지금은 낮 시대라, 실언(實言)이라야 하고 공심(公心)과 정직(正直)이라야 한다.

여러분은 안으로 충실하고 정직하고 실다워서 후천기운을 받는 대인물이 되라."

12. 대기만성

정산종사 대기만성(大器晚成)에 대하여 말씀하시기를 "대기(大器)란 늦게 이루는 것이다. 기술도 적은 기술이란 단시일에 배울 수 있고 적은 그릇이란 몇 시간에 이룬다. 그러나 큰 그릇은 몇 시간이 아니라 많은 시일이 걸린다. 또 '대리만득(大利晚得)이라' 는 말이 있다. 요사이 작은 돈을 벌려면 하루만 남의 집에 가서 일하면 된다. 그러나 큰 이익을 얻기 위해서는 몇 년이 걸려야 한다. 세상 사람이 이 순서를 모르고 구하니 한심한 일이다. 공부도 자성(自性)자리를 깨쳐 대각성불(大覺成佛)을 하기로 하면 장시일이 필요함에도 불구하고 며칠 염불이나 좌선으로서 견성을 바라고 정력을 바란다. 이는 진리를 모르는 소치인 까닭이다.

하나에 하나를 합하면 둘이 되는 것이 원칙이다. 하나에 하나를 합하여 열이 될 수는 없다. 자기의 습관도 한번 끊기로 하면 장시일을 두고 불식지공(不息之工)을 쌓아야 된다. 그 이치를 모르고 한번 해보고 안 된다고 금세 낙망하고 마니 얼마나 가련한 일인가.

뱃사공의 이야기가 있다. 어렸을 때 같은 글방에서 공부를 한 두 친구가 있었는데 한 사람은 글공부를 잘하고 한 사람은 노래를 잘 불렀다. 글공부 잘한 사람이 재상이 되어 배를 타고 가는데 사공이 노래를 부르면서 노를 저었다. 재상이 가만히 보니 동문수학했던 사람이었다. 재상이 나중에 사공에게 벼슬을 준다고 오라 하여 찾아갔으나, 재상이 공사가 다망하여 영영 못 만나 자리를 못 얻었다.

금생의 업이란 전생의 습관이 전하여진 것이다. 여기에 한 공부인이 진리연구에 착안하기 시작하였다 하자. 시작은 닭소리와 같은 것이다. 닭이 울었다 하여 바로 날이 새는 것이 아니다. 아침에 먼동이 터올 때는 먼 산부터 점점 밝기 시작하다가 중천에 오르면 전 우주가 완전히 밝아진다. 이와 같이 공부인이 점점 연구를 쌓고 쌓으면 지혜의 문도 하나 둘 열려지다가 우주의 본체자리를 투철하게 깨치게 된다.

여러분은 날로 불식지공을 쌓으라. 불식지공을 쌓는 사람 앞에 어찌 성공이 없으랴! 성불은 대리(大利)이기 때문에 시일과 공(功)이 많이 걸리나니, 정진불식(精進不息)하라."

13. 소멸악취진언

정산종사 소멸악취진언(消滅惡趣眞言)에 대하여 말씀하시기를

"법신청정본무애(法身淸淨本無碍)

아득회광역부여(我得廻光亦復如)

태화원기성일단(太和元氣成一團)

사마악취자소멸(邪魔惡趣自消滅)

옴 수리수리 마하 수리 수수리 흠 사바하,

상지(上智)는 신의위보(信義爲寶)하고 중지(中智)는 명리위보(名利爲寶)하고 하지(下智)는 물화위보(物貨爲寶)니라.

'물화지보는 허사부운(虛事浮雲)이니 이어누석(而於漏石)하고, 명리지보는 위의영광(威儀榮光)이 내무진실(內無眞實)하고, 신의지보는 여도합일(如道合一)하여 기수무강(其壽無疆)하며 내외도철(內外道徹)에 명물구연(名物俱連)이라.'

물화지보는 허황 부운 위태롭기가 돌이 허물어지는 것과 같고, 명리지보는 밖으로 영광이 있는 것 같으나 안으로는 아무 진실이 없는 것과 같고, 신의지보는 도(道)로 더불어 합하여서 그 수가 만수무강하며 내외로 도가 철저함에 명예와 물건이 다 한가지니라."

14. 수도인의 목적지

정산종사 말씀하시기를 "우리가 여행을 할 때에는 목적지가 있어야지, 목적지 없이 여행하는 법은 없다. 그와 같이 우리가 공부할 때에도 목적지를 잘 알고 공부해야 한다. 수도를 한다든지 공부를 할 때에 무엇을 하기로 하는 것인가? 돈을 벌 때에도 그 목적이 편하고 잘 먹고 잘 쓰고 잘 입기 위함과 같이 어떠한 목적이 있어야 한다.

부처님 말씀에 '수도를 하는 것은 위로 네 가지 중대한 은혜를 갚고 아래로 삼악도 중생을 제도한다.' 하셨으며, 대종사님께서도 이 말씀을 정전 첫 머리에 하시었다.

우리가 장성하게 된 것은 타(他)의 보호와 옹호함에서다. 더구나 20세 까지는 부모와 사회의 보호와 의뢰로서 성장하여 자력생활을 하게 되었다. 그러나 나이가 60에 가까워 오면 또한 남의 의뢰를 받게 되고, 병이 들어 앓게 된다면 또 의뢰를 구하게 된다.

그러므로 남에게 유익을 주고 남을 위하고 편리를 줄 수 있는 시일이란 일생을 통하여 참으로 단시일이다. 이 단시일을 아까운 줄 모르고 남에게 수고를 끼치게 하고, 신세를 지고, 남을 해치고, 남의 물건을 빼앗아 도둑질을 하며 허송한다면 그 얼마나 한심한 일인가!

우리는 정신 · 육신 · 물질 삼방면으로 남을 위하여 유익을 주되, 곧 위로는 사중보은(四重報恩)을 갚고 아래로는 삼악도(三惡道)를 제도함이 마땅하다. 어떻게 하면 사회나 사람에게 이익을 주고 좋은 영향을 줄 것인가를 생각하여 노력하는 사람이 보은자이다. 그러나 빚만 지고 남을 괴롭게 하고 의뢰생활을 하는 사람은 비록 사람은 속일지라도 우주 대자연의 진리는 호리도 속일 수 없어 결국 그 빚을 갚게 된다.

보은을 하여 선행을 닦는 것도 역시 나의 일이지 남의 일이 아니다. 옛 사람이 이르기를 '선이 적다하여 하지 않으려 말고, 악이 적다고 범하려 하지 말라' 하였다. 선을 닦아 복을 짓되, 물질뿐 아니라 육신적으로 남에게 편리를 주고 정신적으로 한 마디라도 좋은 말로 여러 방면으로 위하고 보면 곧 무가지보(無價之寶)가 된다.

부처님께서는 '중생을 위하려는 생각을 한번만 잘 가져도 그 복록이 이루 말할 수 없이 크다' 고 하시었다. 젊었을 때 부지런히 활동하여 한번 전력을 쏟아보라. 그리고 지혜를 밝히는데 있어서도 젖 먹던 힘까지 쏟을 가치가 있는 때가 이때이다. 노인이 되면 정신이 혼미하여지니, 부지런히 힘써서 이 보배를 많이 준비하라.

세상 사람들은 곡식 많은 것을 내 살림살이로 알지마는, 참으로 내 것이란 바로 내가 익힌 좋은 습관, 진리의 좋은 법을 가득 채우는 것이 참으로 내 살림살이다.

자연의 육도윤회를 따라 돌아가는 이 세상에 인간으로 태어나기 어렵고, 인간으로 태어났다 할지라도 부처님 회상 만나기가 어렵다. 인간으로 태어났을 때 우리가 법에 대한 철저한 신(信)만 세우고 정진하고 보면 육도윤회의 수레바퀴를 면하여 악도에 떨어지지

않는다. 여러분은 정신 차려 한때 한때를 정진하고 노력하여 기어코 성불하라." (원기?년 5월 16일)

15. 육근의 적에 대하여

정산종사 말씀하시기를 "나라와 나라끼리의 싸움에 있어서 적을 막으려면 육군도 막고 해군도 막고 공군까지도 잘 막아야 적을 잘 막아냈다 할 것이다. 그렇다면 사람의 육근동작에 있어서는 마구니가 못 쳐들어오도록 하려면 어떻게 막아내야 할 것인가? 전쟁에 있어서 수륙공에서 적이 침략하는 것과 같이, 사람에 있어서도 순경·역경·공경에서 적이 침략하니, 이를 잘 지키지 않으면 점령당하고 만다.

순경(順境)이란 내 마음을 좋게 하여 어쩐지 모르게 내 마음을 빼앗아 간다. 참으로 무서운 것이 이 경계다. 순경의 적은 잘 받아들이게 된다. 돈이 많이 있는 데에 내 마음을 빼앗기고, 잘해준 남편에게 내 마음을 잃게 되고, 좋은 음식으로서 의리를 끊게 되는 등 순경으로 들어오는 적이란 참으로 무섭다. 여자는 누님 아주머님에, 남자는 영감나리 아저씨에 둘리게 된다. 그리고 보기 좋은 것 듣기 좋은 것 좋은 명예, 좋은 권리에 마음을 빼앗겨 천추만대에 흠을 남기고 의(義)를 그르친다.

역경(逆境)이란 순경에 비하면 쉽다. 아무리 기가 막힌 역경이라도 철주(鐵柱)의 중심(中心)과 석벽(石壁)의 외면(外面)으로 막아내야 한다. 그리하려면 칼날 같은 용기가 필요하다.

공경(空境)이란 '좋은 일을 하여도 누가 아느냐? 전무출신 하여 노력하여도 알아주는 사람도 없다. 다 쓸데없더라 하고 자포자기하는 것이다. 공경 마구니의 침략을 당하는 것은 비행기로 침략하여 오는 적과 같다. 이 적은 파괴적이어서 계문을 못 지키게 하고 모든 사업을 진행해 가는 중도에 계속을 못하게 하는 마구니이다.

우리가 수륙공의 적을 잘 막고 보면, 수륙공 삼방면은 도리어 이용물이 되어 평화롭게 되어서 나중에는 방어할 필요가 없다. 이 육근에 있어서도 순경을 지날 때 까닭을 잡고 역경을 지날 때 까닭을 잡고 공경을 지날 때 까닭을 잡아 잘 지키고 보면, 법강항마위에 이르게 되어 방어가 필요치 아니하며 도리어 이용을 하게 된다."

(원기?년 5월 23일)

16. 복 짓는 법

정산종사 말씀하시기를 "농사를 짓는 이가 종자 한 말에 수확은 백 배가 되게 농사를 지어 만석꾼이 되고, 장사를 하는 이가 은행에 가서 일이천 원의 빚을 빌려 남에게 주어 이자를 남겨 부자가 된다. 즉 이용을 잘 하면 소득이 많은 것이다. 그러나 반대로 노적가리에 불을 지펴놓고 튀밥을 주어먹는 격도 있으니 이런 이는 못살게 되는 것이다.

우리는 진리 가운데 장사를 잘 할 줄 알아야 한다. 교중을 내 물건으로 유익을 많이 주는 자는 농사에 큰 수확한 것과 같으며, 마음이 어둡고 눈이 어두워서 교중에서 사복(私福)을 채우는 자는 노적가리를 태워 튀밥을 줍는 것과 같다. 재가교도가 도움을 받은 이후 교중에 유익을 끼쳐주고 보면, 은행에서 빚을 빌려 남에게 이자를 남기는 것과 같다. 그러나 대중의 것으로 개인에게 이익을 남길 것 같으면 큰 빚을 짓게 된다.

전무출신이 공중사 또는 공중을 위하여 공부에 노력을 하지 않고 놀고 보면 큰 손해를 입게 된다. 또 남들은 일 년이나 지닐 물건을 한 달도 못되어 절단을 내어버린다든지 온전한 물건을 소모시켜 상하게 하는 것은 곧 빚지는 것이다.

우주의 진리는 밝고 밝아서 대차(貸借)를 소소영령하게 밝히고 있다. 그래서 차(借)가 많은 사람은 빈천하며 대(貸)가 많은 사람은 복이 된다. 가령 유지비로 말하더라도 일 개월, 육 개월, 일 년 또는 계속 내고 보면 복이 되며, 말로나 행동으로서 남에게 유익을 주고 교중에 대한 신심을 타인으로 하여금 발심 나게 하는 것도 큰 복을 짓는 것이다. 반대로 말로나 행동으로서 교중에 해를 끼치는 이는 큰 빚을 지게 되고, 계문과 규칙에 있어서도 이를 존중히 여기지 않아 여러 사람들에게 존중하는 마음을 없애게 하는 것도 큰 죄가 된다. 이 이치를 잘 알아 입을 벌리면 복을 짓고 눈을 뜨면 복을 짓는 여러분이 되고, 진리를 깨쳐 근본적인 복을 짓도록 하라."

(원기?년 5월 24일)

17. 관자재보살

정산종사 관자재보살(觀自在菩薩)에 대하여 말씀하시기를 "관자재보살이란? 첫째는 우리 마음의 본래자리 심경을 일러서 말하며,

둘째는 마음을 자유자재 하시는 모든 부처님들을 대표로 부르는 명사이며,

셋째는 마음의 본래자리를 깨치신 분인 관세음보살이다."

이어서 조견오온(照見五蘊)에 대하여 말씀하시기를 "고통과 죄(罪)의 원인은 오온이다. 오온은 착심으로 인하여 고민하고 죄를 짓는다. 예를 들면 돈이 좋다, 잘 살아야겠다, 좋은 옷을 입어야겠다, 병들면 싫다는 것이 모두 죄를 짓는 원인이다. 이 오온을 자연에 맡기고 공(空)한데 내 마음을 주하면, 모든 고통이 없어진다. 오온이 개공(皆空)하면 사고(四苦) 팔고(八苦)가 없어진다."

이어서 말씀하시기를 "황진이는 송도에서 생불이라 일컫는 지족선사를 찾아 갔다. 조용한 절에 황진이가 나타나 지족선사를 갖은 꾀로 유혹을 하였다.

황진이는 비를 흠뻑 맞고 지족선사에게 가기도 하는 등 끈질기게 유혹하여 파계시키고 말았다. 그리하여 지족선사의 30년 공부가 공염불이 되었다.

황진이는 또 덕이 높다는 화담 서경덕이 자기에게 관심을 끌도록 하다가 아니 되자 최후 수단으로 서화담의 집에 놀러 갔다가 돌아올 시간이 되어 별안간 복통을 일으켜 몹시 심하여 집으로 갈수가

없다 하였다. 서화담의 집에는 이불이 한 채밖에 없었다. 그래서 서화담은 이불을 펴 황진이에게 자도록 하고 자기는 늦도록 책만 읽었다.

황진이는 꾀병을 앓으면서 곁눈질로 살펴보니 여전히 서화담이 책만 보고 있었다. 아침에 황진이가 눈을 떠보니 서화담은 세수까지 하고 어제 그대로 책만 보고 있었다. 그때서야 부끄럽게 여긴 황진이는 '선생님! 송도에는 3절이 있는데 아십니까?' 하고 묻자 서화담이 그것이 무어냐고 물었다. 황진이는 '첫째는 박연폭포요, 둘째는 선생님이시고, 셋째는 이 황진이 옵니다.' 하며 서로 웃었다. 그 때부터 서화담과 황진이는 도반으로 지내기 시작했다."

18. 공포의 원인

정산종사 말씀하시기를 "공포의 원인은 증애(憎愛)로 말미암아 일어난다. 애착심은 괴로움이 원인이다. 증애는 어디서 원인하여 일어났는가. 그것은 아(我)로부터 일어난다.

애착은 남의 자식은 얕아 보이는 것이며, 욕심은 남의 나락이 좋아 보이고 많아 보이는 것이며, 구경열반(究竟涅槃)은 원적한 자리에 드는 것, 또는 일원상 자리에 합한 것을 말한다."

19. 진리전수

정산종사 진리를 전수하는 방법에 대하여 말씀하시기를 "구전구수(口傳口受), 구전심수(口傳心受), 행전행수(行傳行受), 이심전심(以心傳心) 이와 같이 전하는 고로 금강경에 부좌이좌(敷座而坐)라고 하신 말씀에서 법을 전수하고 얻었다고 한다."

20. 자타와 미오

정산종사 말씀하시기를 "자타(自他)와 미오(迷悟)는 상대(相對)를 짓는다. 이 세상에서 죄를 짓는 것은 다 아상(我相)에서 나오는 것이다. 동물에서 사람에 이르기까지 다 아(我)로부터 죄를 짓는다. 사람도 아(我)로부터 오욕이 생기어 뭇 죄를 짓고, 내 명예를 나타내기 위하여 남을 무시하고 업신여기며, 글씨도 남이 잘 쓴 것은 칭찬 안 하고 까탈을 잡고, 양반이라는 자랑도 다 아상(我相)이 있어서 그렇다.

연욕(緣慾)도 역시 나를 중심하여 나와 연분이 있는 사람을 두호하는 욕심이므로 자타상(自他相)에 걸린 것이다.

'내가 어찌 부처가 돼?' 하는 것은 중생으로서 미오상(迷悟相)에 떨어진 것이요. 부처가 되었다고 부처가 아닌 사람을 멸시하는 순간 미오상(迷悟相)에 떨어지고 만다."

21. 평등과 미오

정산종사 말씀하시기를 "현실로는 미오(迷悟)를 확실히 깨쳐 알아야 한다. 그래야 지도를 할 수 있고 지도를 받을 수도 있다. 그러나 삼세의 진리관으로 볼 때는 미오가 없는 평등한 자리로 보라."

22. 보시(布施)

정산종사 말씀하시기를 "보시(布施)란 육근을 움직일 때 행주좌와어묵동정(行住坐臥語默動靜)간에 공(公)을 위한 활동을 뜻한다. 보살의 육근동작은 일체가 보시로 화하며, 범부는 육근동작은 일체가 착취로 화한다. 중근기는 보시로 화했다가 착취로 화했다가 한다."

23. 부주상 보시

정산종사 말씀하시기를 "부주상(不住相) 보시(布施)란 밖으로는 행주좌와어묵동정간에 육근을 사용할 때 정신 · 육신 · 물질 삼 방면으로 대중에게 유익과 복록을 끼치되 상(相)이 없는 처사를 말한다. 안으로는 육근을 작용함에 보시 아님이 없고 육근을 활용함에 주착(住着) 아님이 없는 것이다. 그러나 애착한 바를 끊지 못하고 사모(思慕)하는 것은 주착이다. 착 없는 마음은 죽을 먹게 될 때 '나는 죽은 못 먹어. 밥을 먹어야 해!' 하는 생각 없이 안심하고 먹는 것이며, 갈대 깐 방에 잘 때 장판 깐 방을 생각하지 않고 안심하며 자는 것이다. 당(當)하면 수용하고, 없으면 없는 데로 안심하는 이것이 부주상 보시이다."

24. 무유정법

정산종사 말씀하시기를 "무유정법(無有定法)이란 정(定)한 이름이 없는 자리로 진리의 본체자리는 진리를 얻었다 못 얻었다, 설했다 설함이 없다 하면 벌써 틀린 자리이다. 자타(自他)와 미오(迷悟)가 공(空)한 자리로 볼 때에 부처라 하여 얻은 것도 없고 범부라 하여 못 얻을 것도 없다. 그러나 현실로는 깨닫지 아니했다고 볼 수 없다. 그러므로 정(定)이라 이름 지을 수 없다.

사람의 이름도 실은 가명이지 뭐라고 정할 수가 없었던 것이다. 세상만사가 다 이름을 지을 수가 없는 것이어서 무언(無言)가운데 참 이름이 있다. 노자님께서 '도(道)가 도(道)면 비상도(非常道)요 명(名)이 명(名)이면 비상명(非常名)이라.' 하시었다."

25. 무위법

정산종사 말씀하시기를 "무위법(無爲法)이란 무위법인 심경으로 유위법(有爲法)을 쓰라는 것이다. 담담한 허공 가운데에서 풍운우로상설이 내리듯이, 이름도 없고 색도 없는 성품 가운데에서 만 가지 차별과 희로애락을 내어야 정당한 차별과 희로애락이 나온다."

26. 복덕과 복덕성

정산종사 말씀하시기를 "복덕(福德)이란 사상(四相)으로 짓는 복덕을 말한다. 간단(間斷)있는 복덕인 고로 헤아릴 수 있는 복덕이다. 한정이 있어서 없어지고 보면 은혜가 원수로 화한다.

복덕성(福德性)이란 사상(四相)이 공(空)한 복덕으로 무량 복덕을 짓고 받는다. 사상이 공한 복덕은 상대가 아무리 잘못해도 원망이 없어 의무감으로 또는 자성본체의 광명으로 비추어서 한량 없는 복을 짓고 한량없는 복을 받으며 원수도 은혜로 화(化)하게 한다."

27. 장엄불토

정산종사 말씀하시기를 "주세불이 세상에 나시면 각 보살이 그

분을 받들고 지도를 받아 교화에 전력한다. 이것을 일러 불토장엄(莊嚴佛土)라 한다. 부처님의 법을 널리 확장시켜 세상에 부처님의 광명을 널리 드러내는 것이 불보살의 할 일이다."

28. 수지독송

정산종사 수지독송(受持讀誦)에 대하여 말씀하시기를 "수(受)는 희로애락이 공하여 집착이 없는 심리를 가지라는 법문을 듣고 마음 가운데에 기막히게 믿어 받아들이는 것이며,

지(持)는 집착이 없는 심경으로 느낀 바를 명심하여 영원히 놓지 않겠다는 확고한 결심이다.

독송(讀誦)은 경계에 대조하여 실천에 옮기는 것이다."

29. 무상 · 무변 · 정각

정산종사 말씀하시기를 "무상(無上)이란 일원의 진리보다 더 위는 없다. 제일 높은 자리로서 종(縱)을 말하며, 진리의 최상 근원처를 표현한 말이다.

무변(無邊)은 일원의 진리 밖에 벗어남이 없는 자리로서 횡(橫)을 말하며 널리 두루 편만하여 다 총섭한 자리이다.

정각(正覺)은 무상의 진리요 지극히 원만하여 빠짐없는 진리 그대로를 깨쳤다는 것이다."

30. 수기(授記)

정산종사 말씀하시기를 "수기(授記)란 그 사람의 신심으로 장래를 예언하신 것이며 사람을 구제하는 가운데 '죄업이 공한 성품을 깨치게 하는 것' 이 가장 근원이 되는 구제요, 위 없는 구제이다."

31. 소승과 대승

정산종사 말씀하시기를 "소승(小乘)은 개인 한 사람을 본위로 목표 삼는 공부로 옆 사람이 죽든지 살든지 나 하나만 독특한 기술과 신통을 얻어 특별히 우월한 사람이 된 후에 대중을 건지겠다는 것이며,

대승(大乘)은' 일체대중을 구원하려는 목표를 삼아 공부하는 것으로 시방세계 중생과 고락을 같이하는 것이다."

32. 다섯 가지 눈

정산종사 오안(五眼)에 대하여 말씀하시기를 "1. 육안(肉眼)은 육신의 눈으로 부처나 중생이 공유하고 있다.

2. 천안(天眼)은 영안(靈眼) 심안(心眼)이 영통(靈通)하면 천안통(天眼通)이 된다. 수양을 쌓아서 전일하는 머리에 심안(心眼)이 막히지 않고 보이며 육도사생의 변화하는 이치를 아는 것이다.

3. 혜안(慧眼)은 마음으로 진리를 보는 것으로 귀일(歸一)의 대(大)자리를 아는 것이다. 근본진리를 관하는 눈 곧, 진리를 통하는 눈, 제법개공지처(諸法皆空之處)를 아는 것으로 삼세이치를 통달하고 본성자리를 보는 것이다.

4. 법안(法眼)은 당하는 곳마다 걸림 없이 깨치는 것으로 가정·사회·국가·세계의 만법을 알고 소(小)를 깨쳐 시비(是非)에 걸림 없이 깨친 분으로 천리(天理)를 보아서 인사(人事)를 지어나가는 것이다.

5. 불안(佛眼)은 각 눈을 구비하여 일호의 막힘없는 자리로 또 오온개공(五蘊皆空)하고 사상(四相)이 공하고 착(着) 없는 자리를 보는 것이다. 삼계 중생을 내 몸 내 권속으로 보는 것으로 자성본래를 통달한 자리로서 금강경의 으뜸가는 진리를 포함한다. 일체중생을 자비롭게 보시는 부처님의 눈이다."

33. 불수복덕

정산종사 말씀하시기를 "불수복덕(不受福德)이란 복덕이 나한테 왔다고 좋은 것도 없고 복덕이 간다고 싫어하지도 아니하여 항상 마음이 편안하다. 범부는 좋아하여 바라는 것이 있어 구하다가 죄를 지어 낮은 일을 장만하며, 부처님은 좋아하되 상(相)을 내지 않고 착(着)하지도 않고 정의(正義)로써 구하여 수용한다."

34. 금강경의 대의

정산종사 금강경(金剛經)의 대의(大義)에 대하여 말씀하시기를 "무상위종(無相爲宗)이라, 자타미오(自他迷悟)가 공(空)하고 법상(法相) 비법상(非法相)까지 공한 자리를 목표삼고, 무주위체(無住爲?)라, 공부해 나갈 때는 주착심(住着心) 때어 나가는 공부를 체를 삼고, 묘유위용(妙有爲用)이라, 착심 없는 마음으로 일을 운용하라.

부처님은 착(着) 없는 마음으로 희로애락을 수용한다. 사상(四相)이 공하고 착심이 떠난 마음으로 일을 법도에 맞게 운용하여 나가며, 진여(眞如)의 마음을 활용한다.

'이무상(以無相)으로 위종이(爲宗而) 불구어무상(不拘於無相)하고,

이무주(以無住)로 위체이(爲體而) 불구어무주(不拘於無住)하고,

이묘용(以妙用)으로 위용이(爲用而) 불구어묘용(不拘於妙用)이라.'

무상으로 종을 삼되 무상에 구애 되지 않고, 무주로 체를 삼되 무주에 구애 되지 말고, 묘용으로 용을 삼되 묘용에 구애되지 말라."

35. 일원상

정산종사 말씀하시기를 "일원상은 진리생활의 표본이며 이 위에 더한 표본이 없다. 과거에는 수인(數人)이 서로 일원상 진리를 가지고 주고받았으나 대종사님께서는 널리 대중에게 보급시키셨다."

36. 진급과 강급

정산종사 말씀하시기를 "우주는 성주괴공(成住壞空)으로 진강급(進降級)하고, 일월은 낮과 밤으로, 인생은 진급과 강급으로 변화된다. 이는 천지의 원칙이다.

만물도 진급과 강급이 있으며 따라서 개인 개인에게도 진급과 강급이 있다."

37. 무간지옥

정산종사 말씀하시기를 "무간지옥(無間地獄)이란 미미한 한 물건으로서 움직이지도 못하고 지하에 파묻혀 있다가 진급시에는 무골충(無骨蟲)이 유골충(有骨蟲)으로 변화하고 나중에 사람 세상까지 진급되기란 상당한 시일이 걸린다. 진급기에 오르는 동물은 같은 동물이라도 성질이 선(善)하고 좋다."

38. 진급기에 있는 사람

정산종사 말씀하시기를 "진급기(進級期)에 있는 사람이 되려면,

1. 물도 꽉 차면 넘치고 달도 허공에서 만월(滿月)이 되면 일그러진다. 그와 같이 남보다 항상 높아지려는 머리에 겸손심이 없이 남을 무시하고 안하무인이 되어 교만하는 사람이 아니 되어야 한다.

2. 제가 높고 싶은 마음에서 시기심을 내어 남을 미워하고 배척하며 질투심을 내어 중상모략하는 사람이 아니 되어야 한다.

3. 도덕 있는 스승을 업신여기어 배우려 들지 않고 나보다 못한 사람을 상종하는 사람은 향상이 없다. 이러한 자가 아니 되어야 한다.

4. 약자를 도와 주고 보호하여 주며 선을 드러내고 그름을 드러내지 않는 사람이 되어야 한다.

5. 겸손한 사람이 되어야 한다. 내가 남을 깎아내리려는 인(因)으로 내가 강급의 과보를 받게 된다.

진급하는 길을 알아야 육도를 초월하는 사람이 된다. 회상에 모이어 법 귀한 줄을 모르는 자는 수생할 때 법과 회상과는 멀리 수생하게 되어 초월하는 사람이 못 된다."

39. 영지의 종자

정산종사 영지(靈知)의 종자에 대하여 말씀하시기를 "좌선 시와 입정 시는 우주대기에 합하여 마음을 찾을 길이 없다. 그러나 분별을 낼 때에는 자기습관 따라 일어나는 것이니, 합한 것 같으나 합하지 않은 것이다. 대령(大靈)과 대기(大氣)는 하나이다."

40. 대령(大靈)

정산종사 말씀하시기를 "식물은 대령(大靈) 가운데 개령(個靈)이 없는 것이며, 동물은 개령이 있는 것이다. 잠잘 때나 입정할 때 그리고 죽을 때 그 때가 대령에 합한 때이다. 잠잘 때 입정할 때 죽을 때 업을 타고 가는 것이 종자(種子)요 불성(佛性)이요 영지(靈知)이다.

식물은 땅에 뿌리를 박고 동물은 허공에 뿌리를 박는다. 아는 자는 이를 불성(佛性)이요, 영지(靈知)라 한다. 모르는 자는 영혼(靈魂)이요, 귀신(鬼神)이라 한다."

41. 은생어해 해생어은

정산종사 말씀하시기를 "공부하는 것은 육도를 초월하자는 것이다. 대개 진급은 강급 될 밑천이다. 마치 만월(滿月)이 차면 기우러지는 것과 같이 차는 것은 기우러질 밑천이 되는 것이다. 인간의 고락도 낙의 밑천은 고요, 고의 밑천은 낙이다. 그러면 은(恩)의 밑천은 해(害)이며, 해(害)의 밑천은 은(恩)이다. 보통사람은 이 이치를 모르기 때문에 복(福) 돌아올 때에 죄(罪)짓는 것이 상사(常事)이다.

이조시대 불교가 쇠퇴(衰退)한 원인은 신라와 고려시대의 흥성(興盛)으로 말미암은 것이다. 고생하여 재물을 번 사람은 남의 세정도 알아 주며 재물 귀한 줄도 아나, 부귀를 누리는 자는 호의호식으로 방탕하여 남의 세정을 몰라준다. 지위가 높으면 교만심을 내어 남을 하시하며 강급(降級)을 장만한다. 복 그릇이 큰 사람이란 여간한 부귀에는 끄떡하지도 아니하며 큰 목적을 향하기 때문에 강급되지 않는다.

여러분은 원(願)을 크게 세우고 복 그릇을 크게 만들어 그릇이 차지 않는 사람이 되라. 사람의 마음에 있어서 좋은 것이 있기 때문에 나쁜 것이 있다. 마음에 맞는 좋은 사람이 있다는 머리에 마음에 안 맞고 싫어하는 사람이 있게 되어 고통이 크다. 보리밥을 먹던 사람은 가을에 쌀밥을 먹으면 좋게 생각하며, 옷도 나쁜 옷을 입다가 좋은 양복을 입으면 더 좋은 생각이 난다. 이와 같이 없다가 있으면 좋아한다. 그러나 언제든지 수용하는 자는 보통이나, 만일 있다가 없을 때는 고통이 더 크다. 이것이 인간(人間)의 이치(理致)이다."

42. 참회

정산종사 말씀하시기를 "야소교에서는 회개(悔改), 유교에서는 개과(改過), 불교에서는 참회(懺悔)이다. 남의 허물을 보고 내 허물을 뉘우치라. 범부는 타인의 허물은 귀신같이 잘 알고 드러내나, 내 허물은 알아내지 못한다.

천지의 원리가 인과보응으로 건설되어 있다. 음양(陰陽)은 오행(五行)이다. 수(水)는 음(陰), 화(火)는 양(陽), 목(木)은 반음(半陰), 금(金)은 반양(半陽). 상생(相生)은 수생목(水生木), 목생화(木生火), 화생토(火生土), 토생금(土生金), 금생수(金生水)로, 상극(相克)은 화극금(火克金), 금극목(金克木), 목극토(木克土), 토극수(土克水), 수극화(水克火)로 된다.

한번 인(因)을 지어 놓으면 시간의 조만(早晩)은 있을지언정 꼭 받게 된다. 죄도 드러난 것보다 숨은 죄가 더 크다. 중생과 범부는 업력을 벗어나기 어렵고 상당한 공부인이라도 업력 벗어나기란 어렵다. 오직 불지경에 가야만 업력을 벗어난다. 내가 고(苦)받을 인(因)을 지었으면 고(苦)받을 대상이 좋게 보이어 끌려가 그 과보를 받게 된다.

죄지은 자는 자유가 없다. 그래서 감옥 등에서 구속을 당하고 사나, 죄짓지 않은 자는 자유롭다. 그래서 내 마음이 어느 곳에 처하든지 마음이 편안한 자는 업을 초월한 것이다. 그래서 죄복을 자유로 한다.

정업(定業)이란 죄를 주는 권력이 상대방에 있기 때문에 면치 못하나 내가 정업을 받되 마음이 편안한 것은 죄복을 자유로 하는 것이다. 또 천업(天業)을 돌파하는 것이다."

43. 새 생활

정산종사 말씀하시기를 "새 생활은 시간적으로 날로 달로 해로 내 마음이 새로워 가는 것으로 어제의 허물을 고치고 오전(午前)의 잘못을 뉘우치어 고치는 것이다."

44. 복 짓는 단계

정산종사 복 짓는 단계에 대하여 말씀하시기를 "사량계교(思量計較)로서 이해를 가려서 짓는 복, 의무감으로서 짓는 복, 선악이 구공(俱空)한 본래 청정한 자성본체로 짓는 복이 있다.

'유대보언(有大寶焉)하니 금불가비(金不可比)요, 옥불가비(玉不可比)라. 차하보(此何寶)오, 일생소수지덕(一生所修之德)이 시야(是也)요, 최후청정일념(最後淸淨一念)이 시야(是也)라.'

큰 보배가 있으니 금과도 비할 수 없고, 옥과도 비할 수 없는 것이라. 그것은 바로 일생을 통하여 닦는바 덕이요, 최후의 청정일념이라."

45. 병든 가정 치료요법

정산종사 병든 가정 치료요목 5가지를 말씀하시기를 "첫째, 사람사람이 내 잘못은 모르고 남의 잘못만 드러내는 고로 서로 원망이 많고 가정이 불안하니, 내 잘못과 내 시비만을 살피자.

둘째, 부정당한 의뢰심을 일어내어 다른 사람의 덕만 입으려고 식구 전부가 놀기를 주장만 하는 고로 가정이 망하니, 정당한 의뢰만을 제외하고는 의뢰를 하지 말자.

셋째, 정당한 지도를 잘 받지 않는 데에서 가정이 요란하니, 정당한 지도면 잘 받아야 한다.

넷째, 정당한 지도를 할 자리에서 지도할 줄을 모르면 가정이 망하니, 지도를 밝게 하여야 한다.

다섯째, 집안 식구가 공익심이 없어 서로 이롭고 편안한 것은 내게 돌리고 괴롭고 해로운 일은 타인에게 돌리는 머리에 가정이 시끄러우니, 이타(利他)주의를 쓰자."

46. 일원상을 신앙의 대상으로 정한 이유

정산종사 일원상을 신앙의 대상으로 정한 이유에 대하여 말씀하시기를 "석가모니 부처님 한 분만 신앙의 대상으로 모시는 것보다 우주만물을 모두 진리의 응화신으로 모시는 너른 신앙을 하자는 것이며, 우리에게 고가 오고 낙이 오는 원인을 그 근본자리에서 볼 때에 석가모니 한 분에게서만 오는 것이 아니라 우주만물에서 오는 연고이다."

이어서 말씀하시기를 "일원상은 견성성불하는 화두요, 일상수행의 표본이요, 복 주고 죄 주는 것을 사실로 드러내는 증거로 일원상은 만법의 근원이다."

47. 무한동력

정산종사 무한동력(無限動力)에 대하여 말씀하시기를 "현재 우리의 세상은 마(魔)의 덩이요, 닥쳐오는 세상도 역시 마구니의 세계이다. 이 모든 마를 항복받은 뒤에야 도를 이룰 것이다.

부처님께서 수하항마(樹下降魔)하신 것이나 예수님께서 광야를 방황한 것이 다 한없는 마를 조복(調伏)하시기 위함이었다. 그러면 모든 마를 항복 받을 힘은 오직 무한동력(無限動力)이다. 무한동력이야말로 범부를 성현으로 만들고 마를 항복받아 자기의 이용물로 만들 수 있는 힘이다.

노인은 노인이니까 어서 항마를 하여야 하고 젊은이는 젊은이이니까, 빈곤자는 빈곤자이니까, 부자는 부자이니까, 순경(順境)에 처하면 순경이니까 어서 항마를 하여 어디에 처하더라도 자포자기하지 않고, 주저앉지 말아서 역경(逆境)과 순경(順境)을 시련기로 삼아 끊임없이 정진하는 것이 무한동력이다."

48. 진리의 상벌

정산종사 말씀하시기를 "누구나 상은 좋아하고 벌을 싫어하는 것은 인지상정(人之常情)이다. 그러나 목전(目前)의 상벌을 아는 자는 많되 진리의 상벌은 아는 자가 적다. 악인(惡人)이라도 기회를 잘 만나 상을 받을 수 있고, 의인(義人)이라도 때를 잘 못 만나 벌을 받을 수 있다. 이는 사람이 들어서 내리는 상벌이기 때문이다.

그러나 진리는 어긋남이 없는 것이니, 내가 의(義)를 행하고 비방을 당할지라도 후일에 알 때가 있으며, 진리는 역연(歷然)히 알고 있다는 것을 인식하여 조금도 현재의 비방을 괘념할 것이 없다. 내가 악을 행하면서도 칭찬을 받으면 진리는 역연하여 잘 알고 있으니 안으로 반성하고 자책하는 공부를 하여야 한다.

마음에 간직하고 밖으로 나타내지 않은 마음 중에서 악은 악심으로, 선은 선심으로 진리의 상벌은 분명한 것이다. 우연 자연한 가운데 일호의 어김이 없는 진리라는 것을 잘 알아 근본 심리부터 지선(至善)에 들도록 힘쓰라."

49. 정심은 만사의 근본

정산종사 말씀하시기를 "바른 마음은 일만 일의 근본이 되나니, 바른 마음으로 하는 학문은 옥을 비단으로 싼 것과 같으며, 악심으로 하는 학문은 도적에게 칼을 주는 것과 같다. 일체의 사상과 주의도 오직 정심(正心)이 근본이다. 자본주의가 좋다고 하나 잘못 쓰면 모두가 불행해 지고 공산주의가 좋다고 하나 잘못 쓰면 모두가 더 불행해진다."

제7편

연도미상 법문 2

서원과 욕심이
그 출발점에 있어서는 비슷하나
결과에 있어서는 천양지차이다.
서원이라는 것은
나를 떠나서 바라는 마음이요,
욕심은
나를 중심으로 바라는 마음이다.

1. 수도인의 스승

정산종사 말씀하시기를 "수도인에게 세 가지 스승이 있으니, 첫째는 인사(人師)요 둘째는 우주사(宇宙師)요, 셋째는 양심사(良心師)이다.

아는 말로나 글이나 행동으로써 교도(敎導)해 주는 이가 인사(人師)요, 눈앞에 있는 사면(四面)에서 무언(無言)의 실재가 우주사(宇宙師)요, 안에서 스스로 편달하고 악심을 극복케 하는 자가 양심사(良心師)이다. 사람이 만일 도를 이루고자 하면 먼저 양심사의 지도를 잘 받을 줄을 알아야 한다."

2. 구시화복지문

정산종사 말씀하시기를 "고인(古人)은 구시화문(口是禍門)이라 하였으나 나는 구시화복지문(口是禍福之門)이라 하고 싶다. 이 입은 잘못 쓰면 화(禍)의 문 구실을 하지마는 잘 쓰면 복(福)의 문 구실을 하기 때문이다.

입으로 공중(公衆)을 분리케 하거나, 동지를 이간케 하거나, 선배 유공인을 욕하거나, 위선적으로 진리를 속이려는 등은 죄업의 가장 큰 밑천을 장만하는 말이니, 이런 말을 하면 그 입은 화의 문이요, 죄업을 불러들일 것이다. 그러나 입으로 바른 말, 참된 말, 이쁜 말,

착한 말을 하여 네 가지 기어(綺語) · 망어(妄語) · 악구(惡口) · 양설(兩舌)을 하지 않는다면 이는 복의 문이요, 복을 불러들이는 문이다. 입을 쓰는 데에 특별히 주의하여 복만 불러들이기에 힘쓰도록 하라."

3. 처사의 도

정산종사 말씀하시기를 "사람이 세상에 처하여 만사를 처리하는 데 네 가지 요령이 있다. 이 요령을 명심 실행하면 자기의 인격도 완전해지고 대중의 신망도 얻을 것이다.

첫째, 공평(公平) · 정직(正直)으로 규칙에 탈선됨이 없고 친소에 편착 됨이 없는 처사이다.

둘째, 대국적 처사(處事)로 소아(小我)를 놓고 대아(大我)에 들어가 근(近)에 얽매이지 않고 원(遠)을 관찰할 줄 아는 처사이다.

셋째, 명백한 처사로 회계가 분명하고 시종(始終)이 정연한 처사이다.

넷째, 유여한 처사로 염념불망(念念不忘)하는 인정과 덕으로써 촉됨이 없이 화합해 나가는 처사를 이름이다."

4. 남녀의 도

정산종사 말씀하시기를 "이 세상이 원래 남녀로 조직 되었으니 남녀간 도가 있어야 한다. 남녀칠세부동석(男女七歲不同席)이라는 것이 이미 옛 윤리로 지내가 버렸으니 논할 필요는 없고, 새 시대에 서로 행동하며 지켜야 할 남녀의 도 세 가지가 있다.

첫째는 공경(恭敬)의 도이다. 이는 양자가 서로 인격을 존중하고 온공(溫恭)한 태도로 대하며 억압하는 일이 없는 것을 이름이다.

둘째는 근신(謹愼)의 도이다. 근신이야말로 남녀간 예의요, 이성간 교제의 지혜다. 근신을 잃어버린 이성간 교제는 방종이기 때문에, 양자간은 언제나 엄격한 예의(禮儀)밑에 경건한 태도로서 대하여야 할 것이다.

셋째는 양보(讓步)의 도이다. 양자가 서로 계교심(計較心)을 내어 다투거나 서로 경쟁하지 말고 언제나 서로 양보하는 아량을 잊지 말아야 할 것이다."

5. 노소의 도

정산종사 노소(老少)의 도에 대하여 말씀하시기를 "지금은 낡은 윤리와 새 윤리가 교체되는 시기로, 현재의 사회는 그 중간에 처하여 신구(新舊)의 법을 잘 조절해 쓰지 아니하면 아니 된다.

노소의 도에 있어서도 그러하다. 옛날에 과격하고 엄격한 차별에도 결함이 있으나 현재 신사조(新思潮)에도 결함이 있다. 우리는 그 중간을 잘 알아 노소간의 도의(道義)를 보존할 것이요, 처사(處事)에 있어서는 지자본위(智者本位)로 하더라도 향당(鄕黨, 고향이나 자기 집안)에 들어서는 노인을 공경하고 어린이를 사랑하여 주는 도리를 서로 다하여야 한다.

소년이 노인에 대한 도리는 경어(敬語), 예의(禮儀), 애정(愛情)이다. 맹자(孟子)가 말한 '조정(朝廷)에서는 막여작(莫如爵)이요, 향당(鄕黨)엔 막여치(莫如齒)요, 제세안민(濟世安民)에는 막여덕(莫如德)이라' 조정에서는 직위가 서열의 본(本)이요, 향당에서는 나이 많은 어른이 본(本)이요, 제세안민에는 덕이 본(本)이라는 말을 잘 체득하여 사회적 처사에는 노소를 불고하고 지자본위로 하되, 향당에 들어서는 존장(尊長)으로 높이는 도리를 잊어버리지 않는 것이 소년이 취할 바이다.

노인의 처지에 있어서는 옛날의 완고한 점을 버릴 것이며 소년을 잘 대하여야 할 것이다. 노인이 소년에게 대하는 도리는 애어(愛語), 예의(禮儀), 애정(愛情)이다."

6. 일체가 나를 위함

정산종사 말씀하시기를 "우주의 모든 것이 다 내 것이다. 남의 것은 하나도 없다. 그러므로 남을 위해서 하는 일은 아무 것도 없다. 있다고 하는 것은 시간의 현재만을 보고 말하는 하루살이와 같다. 현재의 시간을 연장하여 영원한 세계에 착안할 때는 남의 것이 있을 수 없다.

현재의 모든 행위는 미래에 닥쳐올 결과이기 때문에 남을 위하는 것은 없으며 남의 것도 없다. 이 세상에서 각자가 행동하는 일체의 것은 각자의 일이기 때문에 하지 않을 수 없으며 의무적인 것이다. 좀 더 세상에 일보를 내딛는 행동을 하고 공을 쌓으라. 공을 쌓은 후에는 세상에서 몰라준다고 하지 말라. 이 일은 나의 의무요, 의무를 행한 일에 보상이란 있을 수 없으며 무공(無功)으로 돌아가는 일도 없다.

진리는 오직 공명정대하기 때문에 같은 일을 하고 공을 쌓을 지라도 음덕(陰德)이 최상의 덕이며 음덕 역시 내 것이요, 남의 것이 아니다. 이러한 이치로 남을 해한다는 것은 나를 해함이 된다. 이를 아는 자로써 남을 해하고 악을 행(行)할 수 없다. 여러분은 모름지기 '남' 이라는 사상(思想)을 버리고, 오직 '나' 라는 사상의 입장에서 성실하게 봉공하라."

7. 독서법

정산종사 말씀하시기를 "청량한 이 가을이 독서의 절대 호기이다. 독서에는 삼종의 단계가 있다.

첫째는 과거 성현과 위인달사의 서적을 숙독하고 거기에서 나의 지혜를 밝히는 단계요,

둘째는 일체 모든 사람의 행위를 보아 선악을 선택하여 거기에서 선을 찾고 참 진실을 찾아 그를 좇아 나의 스승으로 삼는 단계요,

셋째는 일체 모든 사물을 접응할 때 그 사물의 개체에서 진리를 발견하는 경지, 즉 실재, 실재 즉 사물의 경지에 도달함을 이름이다.

성현들은 이 가운데 세 번째의 독서법을 쓰시는 어른이오, 보통 사람은 첫 번째 독서법을 쓴다.

8. 천도의 방법

정산종사 천도의 방법에 대하여 말씀하시기를 "천도(薦度)란 것은 쉽게 말하자면 악한 사람이 선한 사람으로 옮겨 가는 것을 이름이다. 그런데 악의 자리에서 선의 자리에 옮겨 가는 순서가 있다.

첫째, 인연(因緣)이 있어야 한다. 부처님도 인연 없는 중생은 제도하지 못한다 하셨다. 정법의 인연이 없으면 천도를 받을 수 없다. 그러므로 인연은 천도를 받는 근본이니 먼저 인연을 지어야 된다. 정법 회상에 참예하여 법설 한 번이라도 더 들어야 된다. 정법을 한 번 들음으로 말미암아 불가(佛家)와 인연을 맺게 되며, 불연(佛緣)이 있음으로 어느 때든지 반드시 천도를 받을 날이 도래한다.

둘째, 신(信)이 있어야 한다. 신은 인연이 서로 합하여 발(發)하게 되며 그 인연을 따라 한 번이라도 더 정법을 듣고 정법회상을 가깝게 하면 자연 부지중에 신이 생긴다. 이 신을 점차로 확대시켜 타력신으로부터 자력신에 이르기까지 정법을 믿게 되면 천도의 길을 밟을 수 있다.

셋째, 각(覺)이 있어야 한다. 신(信)이 두터워짐에 따라 자력신에 이른다. 그 때는 법(法)을 바로 믿게 되며, 모든 선악과 죄복의 근본 문제를 자각(自覺)한다. 이 자각으로 말미암아 미로(迷路)에 방황치 않고 정로(正路)에 깊이 든다.

인연으로부터 신(信)을 얻게 되고 자력신으로부터 각(覺)을 얻게 되어 선악을 판단할 수 있어 악은 제하게 되고 선은 취하게 된다. 이렇게 되면 완전한 천도를 받는다."

9. 정기를 타라

정산종사 말씀하시기를 "세인(世人)이 말하되 성현과 영웅들은 정기(正氣)를 탄다고 한다. 그러면 정기란 무엇인가? 이는 천지(天地)의 기운을 바르게 탄다는 말이다. 천지에 정기가 있고 사람에게 정기가 있다.

주역(周易)에 왈(曰) '입천지도(立天之道)는 유음여양(有陰與陽)이요, 입지지도(入地之道)는 유유여강(有柔與剛)이요, 입인지도(立人

之道)는 유인여의(有仁與義)라.' 하였다.

이와 같이 하늘에 음양(陰陽)의 두 기운이나, 땅에 강유(剛柔)의 두 기운이나 또 사람에게 인의(仁義)의 두 기운이 서로 공통되는 원리가 있다. 성현과 영웅은 이 정기를 갖춘 사람이다. 그러므로 사람에게는 인(仁)과 의(義)가 정기(正氣)가 된다.

인(仁)이란 무엇인가? 인은 어질다는 말이니 불보살의 대자대비요, 예수의 박애이다. 인에 두 가지 종류가 있다.

하나는 진인(眞仁)이다. 진인은 일체 사량계교가 돈공(頓空)한 불교의 무아(無我)의 경지요, 유교의 무욕(無慾)의 지경이다. 어린아이가 우물에 빠지려고 할 때 구원하기 위해 달려가는 찰나의 심경이다. 모든 인(仁)을 베풀 때 자비로서 일체중생을 구제하고, 박애로서 모든 인류를 구원하되 일호의 계교가 없이 사욕이 없이 적나라한 마음으로 다스려 쓰는 것이다.

둘은 사인(邪仁)이다. 진인의 반대로 몸은 인(仁)을 베풀고 자비행을 하되 사욕(邪慾)이 충만하고 사견(邪見)에 집착하여 거짓 인을 짓고 거짓 자비로 도와 주는 체하여 자기의 욕심을 채우는 것이다.

다음으로 의(義)란 무엇인가? 의(義)는 옳은 것이니 천만사리 거슬리지 않고 천도에도 거슬리지 않고 인도에도 어긋남이 없는 행위가 곧 정의(正義)이다. 이 의(義)도 일체의 사량계교를 초월하여야 된다. 각자의 사욕(邪慾)과 사견(邪見)을 버리고 오직 옳은 데에 입각하여 생사를 다하는 것이다. 만일 사지(邪智)와 사욕에 집착하여 의를 행하면 그는 의가 아니요, 사지이며 사욕이다.

인(仁)만 있고 의(義)가 없으면 그는 세상에 무능한 인자(仁者)요 무용한 우자(愚者) 일 것이다. 또 의(義)만 있고 인(仁)이 없으면 세상에 용납되지 않는 고독한 의인(義人)이다.

너희들은 인(仁)과 의(義)를 함께 갖추어야 한다. 만물을 덮어도 오히려 남음이 있는 인의 덕화(德化)를 바탕하고 백천대군을 한칼에 무찌르고도 엄연(儼然)할 의기, 임의용지(任意用之)할 의를 갖추어 원만하고 의기(義氣)로운 대도인(大道人)이 되라."

10. 진정한 평화

정산종사 말씀하시기를 "인류는 평화를 사랑하고 갈망한다. 그러나 평화는 실현되지 않고 있다. 유사 이래로 평화의 시대를 일컫는다면 요순시대이다. 그 후 오늘까지 인류 전체가 요구하고 갈망하는 평화는 마침내 실현되지를 못하고 약육강식의 투쟁의 역사만 이어 왔다.

이는 역사적 변천과정이요, 인류문화를 형성함에 있어서 필수 조건이라 할 수 있으나 세계로부터 개인에 이르기까지 평화를 요구하면서도 개인은 개인끼리 국가는 국가끼리 서로 평화를 유지하지 못하는 원인은 과오(過誤)가 있기 때문이다.

이 과오를 대종사님께서는 은혜를 발견하지 못하는 데에 있다고 하셨다. 일각(一刻)이라도 여의지 못할 중요한 사은(四恩)이 있어 서로서로 의지하고 거기에서 인류문화를 지어가고 있다. 개인으로부터 국가에 이르기까지 근본된 은혜의 소종래(所從來)를 알지 못하고 그 은혜 됨을 발견치 못하고 있다. 현실에 있어서 불평과 불만으로 인하여 원망하고 반목하여 강자는 약자를 해하여 저만을 이롭게 하려고 하고, 약자는 강자에게 착취를 당하지 않으려고 하기 때문에 투쟁이 생기게 된다.

먼저 사은(四恩)의 넓은 은혜를 발견하여 개인 · 가정 · 사회 · 국가가 서로 서로 은혜 속에서 살고 있음을 알아, 서로서로 그 은혜를 보답하는 보은 감사생활을 하게 될 때에 비로소 인류 전체에 진정한 평화는 도래한다."

11. 인생의 대사 두 가지

정산종사 말씀하시기를 "세상에서 흔히 말하되 인간대사란 관혼상제(冠婚喪祭)를 말한다. 물론 인생 일대에 중요한 일의 하나이다. 그러나 이는 유한한 현실 세계만을 착안한 의식이며, 옛날 숭유(崇儒)의 관념이다. 만일 인생 전부가 관혼상제뿐이라면 이것은 일분의 가치도 없는 비영장(非靈長)이다. 영장(靈長)이라고 할 때에는 어떠한 목적이 있는 것이요, 어떠한 그 목적을 달성하는 것이 인간의 대사(大事)이다.

인생의 대사(大事)에 두 가지가 있으니, 하나는 생사대사(生死大

事)이다.

생노필멸(生老必滅)이란 말과 같이 생(生)함에 반드시 사(死)가 있고, 따라서 생사는 우리 인생에 벗어나지 못할 노정이다. 누구를 막론하고 삶은 기꺼워하고 죽음은 두려워한다. 그러나 누구하나 생을 자유로 하고 사를 자유로 하려는 자 드물고, 그 진리를 찾고자 하는 자는 드물다. 생사는 우리에게 오고야 마는 것이다. 그러므로 생사의 진리를 각득하여 생사의 자유를 얻는 일이 우리 인생의 일대사(一大事)이다.

둘은 제중사업(濟衆事業)이다.

옛 사람이 '인생은 공물(公物)이라' 한 말과 같이 인생은 과연 공물이다. 둘도 없는 이 육신도 지수화풍(地水火風)의 사대소집(四大召集)이요, 이 육신의 출현도 역시 자연의 공리(公理)로써 부모의 연(緣)을 따라 출현한 것이며, 노(老)와 사(死)까지도 자연공리로써 순환도래하며, 우리 정신도 또한 우주자연의 대 진리의 한 소체(小體)이니, 공물이다. 공물이기 때문에 공중을 위해서 활동하는 것이 보은의 도이며, 공물자체로서 모순되지 않는다.

몸은 일체생령을 선도로 인도하는 사업이 인생의 의무이며 인생의 일대사이다. 여러분은 안으로 생사진리를 각득하고 생사에 해탈을 얻을 것이며 밖으로 이 몸으로 일체중생을 제도할 것이다."

12. 세상의 큰 죄

정산종사 말씀하시기를 "복을 좋아하고 죄를 싫어함은 인지소욕(人之所欲)이다. 그러나 죄 짓는 자 많고 복 짓는 자 희귀하다. 고락상반(苦樂相半)의 세계에서 짓는 죄 중에는 대소(大小)가 있으며 흔히 범하기 쉬운 것이 있다. 외면으로는 작은 죄가 그 내면에 있어서는 지극히 중죄(重罪)가 될 수도 있다. 그 중죄란 정법을 비방하고 정법회상을 파괴하는 일이다.

부처님은 삼계(三界)의 대도사(大道師)요 사생(四生)의 자부(慈父)이니, 삼계의 모든 중생을 대자대비로 모든 방편, 갖은 법으로 선도에 인도하는 어른이다. 정법은 부처님께서 창제하신 법이며 정법으로서 모든 중생을 제도하니, 이는 구제선(救濟船)이다. 그러한 정법을 비방하는 자는 구제선을 방해하는 것이며, 정법회상을 파괴하는 자는 구제선을 파괴하는 것이다. 모든 중생을 구제코자 나서는 구제선을 없애는 것은, 중생들로 하여금 영원히 악도에 전전하며 고해를 면치 못하게 함이니 대죄(大罪)이다.

여러분은 정법을 신봉하고 정법회상을 애호(愛護)하는 사람은 될지언정, 비방하고 파괴하는 자는 되지 말라."

13. 유일한 보물 두 가지

정산종사 말씀하시기를 "세상에서는 금은보패를 가장 보물이라 생각하고 취하기 위해서 노력한다. 금강경(經)에 '범소유상(凡所有相)이 개시허망(皆是虛妄)이라' 하였다. 이 세상에 나타나 있는 몸과 물건은 그 자체가 유한하기 때문에 반드시 멸하여 없어질 날이 있다. 금은보패 역시 유한한 것으로 생(生)의 비롯이 있기 때문에 반드시 멸(滅)의 지경에 이르는 것은 인과(因果)의 철칙(鐵則)이다.

유한한 것을 무한한 것으로 오인(誤認)하여 그것을 구하기 위해서 죄악을 짓고 인생의 본질까지 말살시킨다. 이 세상에 나타나 있는 금은보배는 유일의 보물이 될 수 없다.

인생에 유일한 보물 두 가지가 있다.

하나는 진심(眞心)이다. 이는 영원불멸하여 없어지지도 않으며 그 가운데 다함이 없는 묘유가 갊아 있으며 일체 만유를 능히 생하게 한다.

둘은 정법(正法)이다. 정법은 전자의 진심(眞心)을 찾아 진심을 행할 수 있는 법이다. 정법이야말로 인생의 둘도 없는 보물이며 세계 인류 내지 미물중생까지 구제할 수 있는 것이다.

이와 같이 진심(眞心)의 묘용(妙用)은 지극히 묘하여 일체 부귀빈천의 근본이며 선악죄복(善惡罪福)이 다 이것으로 좇아 근원했다. 만일 진심을 찾아 깨치면 이목지소호(耳目之所好)와 심지지안락(心地之安樂)을 자유 할 수 있다. 나아가 생사의 해탈을 얻고, 일체 모든 중생으로 하여금 선하게 하며 극락정토를 이루게 한다.

진심을 찾는 것은 정법을 만남으로써 이룰 수 있다. 마음의 자유와 생사에 자유를 얻는 법을 배워 그대로 실천하는데서 진심을 체득하게 된다. 진심(眞心)과 정법(正法)은 수레의 양 바퀴와 같아서 불즉불이(不則不離)의 관계를 가지고 있다. 인생의 유일한 보물은 안으로는 진심(眞心)이요 밖으로는 정법(正法)이다. 이 외에 다시 보물이 있다면 찾아보라! 오직 이것뿐이다."

14. 최후의 승리

정산종사 말씀하시기를 "사람은 감정의 소유물이라 승리를 좋아하고 승리를 얻기 위해서는 무기와 권세로 다투다 자기의 생명까지도 잃어버린다. 승리를 좋아하는 것은 인지상정이다. 승리를 싫어하는 자는 약자요, 혹은 타락한 낙오자의 무리일 것이다. 범인은 승리를 획득하는 방법을 알지 못하고 그저 권세와 무기를 남용하니, 어찌 승리가 있으리오. 최후의 승리를 얻는 것은 오직 정법뿐이다.

제아무리 흠천동지(歆天動地)하는 영웅이나 옛날 중국의 석숭(石崇)이 같은 부자라도 정법에는 굴복하고 만다. 개인으로부터 국가에 이르기까지 정의에 입각하여 정의로써 다스리면 개인 내지 국가가 영원히 유지될 수 있다. 이 세상 전반이 제아무리 어지럽고 요란하다 하더라도 모든 난세가 지나면 정법을 찾게 되고 정법만이 세상 구제의 진정한 주인공이다. 그러므로 정법만이 최후의 승리자이다."

15. 정심(正心)

정산종사 말씀하시기를 "어떤 화가가 말하기를 '명화(名畵)의 기묘한 점은 그 용모 중 눈에 있다' 고 하더라. 눈은 사람의 용모 중에 가장 중요한 것이기 때문이다. 인생에서 가장 중요한 것은 마음이다. 이는 마음 사용여하에 다라 인생의 가치를 논하기 때문이다. 인생 전체의 가치가 마음을 바루고 고르는데 있다.

개인 · 가정 · 사회 · 국가 어느 곳을 물론하고 개인에 있어서도 마음이 바른 데에서 완전한 인격을 이룰 수 있다. 가정 · 사회 · 국가 역시 운영하고 지도하는 지도자가 정심(正心)에 입각하여 지도하여야 한다. 가족이나 국민이 정심으로 돌이키면 가정 · 사회 · 국가가 완전한 이상을 실현하며 그 목적을 달성할 것이다.

일을 하게 되매 정심에 입각하고 정각(正覺)으로 나아가야 하며, 일을 처리함에 반드시 정심으로 바르게 처리하여야 한다. 그리하면 행로에 방황함이 없이 참다운 수행을 쌓을 수 있으며, 참다운 이상을 실현할 수 있다."

16. 무진장의 보고

정산종사 말씀하시기를 "세상 사람은 부자 방망이가 있다고 하며, 이 방망이는 써도 다함이 없는 무진장의 보고라 하여 구하고자 한다. 그러나 그 방망이를 구하는 방법과 그 형상을 모른다. 세상에 있는 것은 반드시 없어지는 것이요, 유형한 것은 무진장이 될 수 없으며, 무형한 자연적 보고만이 영원한 보고이다.

이 영원한 보고에는 두 가지가 있다.

하나는 안으로 삼대력을 갖추는 것이요, 둘은 밖으로 무량공덕을 쌓는 것이다.

안으로 삼대력 즉 일심과 알음알이, 실행을 얻으면 생사의 자유와 죄복의 자유와 육도의 자유를 얻게 된다.

밖으로 무량공덕을 쌓으면 세상이 덕으로서 화하여 그 덕이 화피초목 뇌급만방 할 것이니, 가는 곳마다 은혜의 꽃이요, 은혜 속에서 서로 사랑하고 서로 위하는 지상천국이 될 것이다. 이 위에 다시 구할 것이 무엇이며, 무진장의 보고가 또 있겠는가!

우리가 만일 이 진리를 깨쳐 안으로 삼대력을 얻고 밖으로 무량공덕을 쌓으면 영원무궁토록 극락을 수용할 것이다."

17. 익자삼우, 손자삼우

정산종사 말씀하시기를 "근묵자흑(近墨者黑)이라는 말은 한갓 속담이지마는 사람은 반드시 그 주위환경의 지배를 받는 것이기 때문에 가까운 벗의 선(善)과 불선(不善)이 중요하다.

벗을 사귐에 익자삼우(益者三友) 손자삼우(損者三友)란 말이 있다.

나를 이롭게 하는 벗이 셋 있다. 우직자(友直者), 우량자(友諒者), 우다문자(友多聞者)이다.

우직자는 정직한 동시에 모든 일을 직고(直告)하여 나로 하여금 곧은 길을 걷게 하는 벗이요, 우량자는 진실하여 자비로서 화하는 벗인 동시에 나로 하여금 진실하여 거짓이 없고 자비로서 화하게 하는 벗이요. 우다문자는 사리에 박람박식하여 지식이 풍부한 동시에 나로 하여금 지식을 넓히고 향상시키는 벗이다.

만일 이러한 벗이 있다면 알지 못하는 가운데 이와 같은 완전한 인격을 완성할 수 있다. 그러므로 익자삼우(益者三友)라 한다.

나를 해롭게 하는 벗이 셋이 있으니, 우편벽자(友偏僻者), 우선유자(友善柔者), 우편망자(友偏妄者)이다.

우편벽자는 편벽되어 나로 하여금 편벽되게 하는 벗이요, 우선유자는 뼈가 없는 인간과 같아서 인간적으로는 좋은 사람이나 정당한 노선으로 인도할 수 없는 벗이요, 우편망자는 편벽되면서도 간사하여 아첨하는 자이다.

이는 자력을 끊게 하는 동시에 대의를 망각하게 하는 벗이다. 같은 벗이지마는 이러한 벗은 나로 하여금 함정으로 이끄는 벗이므로 손자삼우(損者三友)라 한다.

동지라는 말은 뜻이 서로 같다는 말이다. 뜻이 같은 사람은 삼세를 통하여 쌓이고 쌓인 숙연의 윤기를 받는다. 어찌 중하지 아니하랴!

우리 회상의 동지들은 서로서로가 곧고 바르고 옳게 인도하고 충고하여 진정하고 진실한 동심동체(同心同體)가 되라."

18. 수양력의 중량

정산종사 말씀하시기를 "사람의 경중(輕重)을 말할 때에 먼저 그 동(動)하고 정(靜)하는 것을 본다.

그 사람의 수양력을 헤아려 보면 안다. 비유하면 세풍(細風) 즉 가는 바람도 이기지 못하고 부동(浮動)하는 것은 낙엽이니, 한 때도 꾸준히 자리 잡지 못하고 움직이는 것은 낙엽 같은 것으로 이것은 범부에 비유된다. 또는 건물을 전복시키는 대풍(大風)이 아닌 적은 바람에는 혹 흔들리나, 그 자리를 지키고 있는 것은 나무뿌리이니, 이는 수양인에 비유된다. 어떠한 바람이 불어닥친다 하여도 여여부동(如如不動)한 것은 암석(巖石)이니, 별스런 태풍이 오더라도 흔들리지 않고 태연부동하는 것으로 이는 불보살에 비유된다.

이와 같이 사람의 중량에 삼단(三段)이 있다.

하나는 낙엽 같은 수양력으로 아무 저력 없이 조그마한 경계에도 이기지 못하고 경동하는 자이다. 부귀권세에 아첨하고 일체의 의(義)보다 자기의 욕심을 채우기 위하여 어떠한 행동이라도 감행하는 무주견자(無主見者)로 낙엽같이 부동(浮動)하는 자다.

둘은 나무뿌리와 같이 수양이 있어 아직 항마의 경지에는 이르지 못하여 몸은 순역경계를 당할 때에 경동을 하고 그에 끌려서 불의를 범행할 수 있는 자이다. 그러나 신근(信根)만은 두터워서 대의(大義)에 과오(過誤)는 없으며, 신근에 의지하여 양심적 반성이 있고 이를 인내하기 위하여 노력하는 자다.

셋은 암석과 같은 수양력이다. 일체의 순역경계(順逆境界)를 초월하여 천하의 부귀와 권세로도 끌려가지 아니하고 요지부동하는 철주(鐵柱)의 중심이 굳은 자다. 일체의 경계를 대하되 태산과 같이 부동하고, 청정함이 허공과 같아서 대의에 입각하여 동(動)할 때 동하고 정(靜)할 때 정하여 동정이 법도에 어긋남이 없는 자로 우주의 주인공인 동시에 보살의 수양력이다."

19. 심안(心眼)

정산종사 말씀하시기를 "사람에게 가장 중요한 것이 눈이다. 눈이 있음으로 세상 모든 것을 분별하여 알 수 있다. 그러므로 맹인

(盲人)은 불구자 중에도 가련함이 더하다. 삼라만상(森羅萬象)의 기묘한 것이며 부모형제 내지 모든 동지들의 아리따운 군상(群像)을 전혀 분별하지 못하니 그 가련함이 지극하다. 이것은 나타난 육신의 눈이다.

그러나 무형한 심안(心眼)의 맹인이 있다. 이 심안(心眼)은 세인(世人)이 잘 알지 못한다. 한 찰나간이라도 없지 못할 지중한 것이 심안이다. 심안은 즉 마음의 눈이다. 마음의 눈이 열리지 못한 이에게는 기묘한 삼라만상과 은혜로써 얽힌 만유(萬有)가 도리어 죄악의 근본이 된다.

이 세상에는 사리(事理)가 엄연하지마는 그 사리를 바로 볼 수 없어 일체를 전도(顚倒)하고 그릇 인식하여 일거수 일투족(一擧手一投足)이 모두 죄악으로 화한다. 사(事)에 대한 시비이해(是非利害)와 이(理)에 대한 대소유무(大小有無)며, 인과보응(因果報應)의 이치와 불생불멸(不生不滅)의 이치를 알지 못하면 앞길이 평탄하지 못하다. 육안(肉眼)이 어두워 함정에 빠지는 것과 같이 죄악과 악도뿐이다.

여러분은 심안이 어둡지 않고자 발심(發心)하였다. 영원한 세상을 두고 삼세를 달관하여 매매사사(每每事事)에 대과(大果)를 위하여 일일(日日)로 반성하고, 실천에 옮기어 모든 행동을 도덕적 규범 아래 진실한 생활을 개척하라."

20. 치(恥)의 삼종

정산종사 치(恥)에 대하여 말씀하시기를 "치는 부끄러워하는 마음이다. 치(恥)에는 삼종(三種)이 있다.

하나는 우치(愚恥)이다.

근본적으로 그 성품이 어리석어서 일과 이치를 알지 못하여 부끄러워하는 것으로 퇴보에서 퇴보로 물러가는 길이다. 내가 어리석으면 그 어리석음을 없게 하고자 노력하지 않고 도리어 그를 부끄러워하여 진보치 않는 우(愚)이다.

둘은 외치(外恥)이다.

밖으로 내가 미급함을 부끄러워하는 것이다. 불의의 행을 하는 것을 부끄러워하여 그 결함을 보충하고 고쳐 나가서 완전한 영역에 도달하기 위하여 내는 마음이다. 이는 퇴보에서 진보로 향하여 나가는 염치(廉恥)로서 분발하여 나가는 공부인의 치심이다.

셋은 내치(內恥)이다.

안으로 양심을 대조하여 양심에 부끄러움을 느끼는 것이다. 사람은 반드시 양심과 인심(人心)이 있어 양심이 들어서 인심의 일체 욕심을 비판 결단하며 의(義)를 지키게 한다. 그러나 세상은 그렇지 못하여 하고자 하는 바를 그대로 감행한다. 내치의 사람은 아직 행을 나타내기 전에 사량과 의식까지도 불의에 끌림을 정의에 입각하여 양심적으로 부끄러워한다. 이는 도심(道心)이요 불보살의 마음이다.

여러분은 오직 내치의 마음을 가지라. 밖으로는 행실의 부정을 부끄러워하고, 안으로는 양심을 반조할 때 하늘을 우러러 부끄럽지 아니하고, 아래로 땅을 대하되 부끄럽지 않은 마음의 주인공이 되라."

21. 용(勇)의 삼종

정산종사 용에 대하여 말씀하시기를 "용(勇)은 용맹으로 모든 일을 당할 때 주저함이 없이 전진불퇴(前進不退)하는 용맹스런 기력이다.

용(勇)에는 삼종(三種)이 있다.

하나는 만용(蠻勇)이다.

사(事)의 시비(是非)와 의(義)와 불의(不義)는 고사하고 혈기로 처단하는 완강한 용맹이다. 만용을 쓰면 당하는 곳마다 원망이요 필경에는 신변이 위태로워진다. 공자님 문중에 자로(子路)가 '이웃나라 부자가 전쟁에 참가하였다가 전사를 하였다' 고 말하니, 공자 탄식하여 가로되 '슬프다 만용이여!' 하였다. 만용은 지극히 위험한 것이며 절대 금물이다.

둘은 의용(義勇)이다.

의(義)를 위하고 대의(大義)를 밝히기 위하여 생사를 불고(不顧)하고 전진하는 용감한 힘이다. 이러한 자를 일러 의사(義士)라 하고 충신(忠臣)이라 한다. 일체 자기의 일을 불고하고 의를 위하여 죽음을 당한 조선시대 단종(端宗) 때의 사육신(死六臣) 같은 용맹은 세상의 불의를 경고하고 정의를 세우는 동력이다.

셋은 도용(道勇)이다.

부처님의 대자비요 유교의 인(仁)이며, 기독교의 박애(博愛)이다. 만중생으로부터 의를 세우게 하고 의를 행하게 하되 그 덕화가 만방에 미치게 하는 마음은 어떠한 천병만마(千兵萬馬)와 태산교악(泰山喬嶽)도 능히 그 뜻을 굽히지 못한다.

여러분은 도용(道勇)에 바탕하여 의용(義勇)으로 행하라."

22. 깊은 마음 무거운 입

정산종사 말씀하시기를 "고어에 '심심창해수(深心滄海水)요 구중곤륜산(口重崑崙山)이라' 하였다. 이는 마음을 쓰되 창해수와 같이 깊어서 가히 헤아릴 수 없게 하고 입을 지키되 곤륜산과 같이 무겁게 하라는 말이다.

사람의 국량을 논할 때에 그 심량(深量)을 헤아린다. 어떤 사람은 한 잔의 술에 그 마음을 달래 갈 수 있는 사람과 좀 더 나아가서는 높은 위와 권세로서 그 마음을 달래 갈 수 있는 사람이 있다. 그러나 천하의 부귀와 권세로도 그 마음을 흔들지도 못하고 무력으로도 능히 달래 가지 못하는 사람이 있다. 전자는 소인이요 후자는 대인이며, 전자는 범인이며 후자는 성인이다.

안으로 완전한 사람이 될수록 그 심량을 헤아리지 못한다. 비하건대 적은 그릇은 물을 부으면 넘쳐흐르나, 큰 그릇은 물이 비록 많으나 항상 여유가 있어 넘쳐흐르지 않는다. 심량이 깊은 사람은 그 능한 바를 헤아릴 수가 없으나 심량이 얕은 사람은 소소한 일에도 넘쳐흐른다. 그러므로 마음을 갖되 창해수와 같이 깊이가 있고 곤륜산 같이 무게가 있게 가지라.

옛 사람의 말에 구시화문(口是禍門)이란 말이 있으나, 이보다 구시화복지문(口是禍福之門)이라 함이 적절하다. 입을 한 번 놀림으로써 일체 모든 재화를 초래할 수도 있으며, 반면에 일체 복락을 초래할 수도 있다. 입은 말하는 것이요 말은 그 마음의 표현이니, 귀중한 시간 귀중한 입을 사용할 때는 화문(禍門)을 피하고 복락의 문을 전개할 말을 하라.

절대로 근거 없는 말이나 미상한 말은 하지를 말고, 정히 하려거든 그 사실을 조사해서 확실히 안후에 본인에게 직접 충고하든지, 그렇지 않으면 지도자에게 상고(上告)하여 처리하라. 한번 입을 열고 말할 때 그 공덕이 한 줌 쌓이고 두 줌 쌓이게 하라. 그러므로 입을 갖되 곤륜산같이 무겁게 가지라 한 것이다.

23. 두 가지 큰 사업

정산종사 말씀하시기를 "세속에서 한 가정을 치산(治産)하는 것을 볼 때에 어떤 사람은 적은 자본을 가지고 크게 이익을 얻는 사람도 있고 큰 자본을 가지고 도리어 손해를 보는 사람도 있다. 이는 다 지혜와 능력의 양(量)과 심천(深淺)에 달렸다. 같은 자본으로도 좀더 많은 노력을 가지고 좀더 많은 이익과 많은 자본을 만드는 것이 가장 상책이다.

우리 인생의 한 평생도 역시 같은 것이다. 좀더 노력을 하면 좀더 광채 있는 생활이 되고 공덕이 많이 나타난다. 인생은 그 가치가 여러 사람에게 얼마마한 덕화가 미치게 하느냐에 달려 있다.

큰 사업의 종류에 둘이 있다.

하나는 구제 사업이다.

고경(苦境)에 헤매는 모든 동포를 안락하게, 위경(危境)에서 안전지대로 시간과 처소를 막론하고 물질로나 육신으로나 기술로 옹호하고 구제하는 사업이다. 밥이 없어 굶주리는 자에게 한술의 밥을 제공하고, 옷이 없이 떠는 자에게 한 벌의 옷을 주어 추위를 방한케 하며, 미개한 인류사회를 문명이기로 향상시켜 전 인류의 행복과 안락을 위하여 노력하는 것이다. 이는 현실 사회를 구제하는 사업으로 그 공덕이 가히 크다.

둘은 제도 사업이다.

종교의 구경 목적이며 불보살의 직업이다. 악한 사람을 선하게 만들고, 요란한 세상을 평화 안락의 세계로 만들고자 한다면 어떠한 물질과 권세로서는 능히 구제하지 못한다. 오직 종교의 힘 도덕의 힘이라야 구제할 수 있다. 안으로 진리를 각득하여 모든 욕심을 끊고 고락의 자유를 얻는 때가 비로소 진정한 구제를 받는 것이요, 영원히 안락을 누릴 수 있다.

중국 안자(顔子)의 안빈낙도(安貧樂道)는 수도인의 사표이다. 이는 고락의 경계를 초월하여 죄복의 원리를 깨쳐 아르신 것이요, 영원한 행복과 안락을 얻은 것이다.

구제 사업은 우리의 현실의 구제라 시간적으로 길지 못하고 잠깐 잠깐 나의 한 생을 구제함이요, 제도 사업은 삼세를 통하여 영원히 그 영(靈)을 구제하는 것이다.

우리의 인생 사업에도 인생의 노력을 헛되게 하지 말고 그 공덕(功德)이 만방에 미치게 하라."

24. 일원상의 특징

정산종사 말씀하시기를 "일원상은 우주의 본체이니, 이 우주의 본체를 고래로 제불제성과 현인달사 철인들이 각각 다르게 표현하였다.

유가에서는 이를 성(誠) 혹은 이(理), 태극(太極)이라 하였고, 선가에서는 도(道), 자연(自然)이라 하였으며, 기독교는 이를 신(神)이라 하였고, 불가에서는 이를 법신(法身) 또는 불(佛)이라 하였으며, 현대 과학에서는 에너지(Energy)운동이라 하였고, 철인들은 이를 이법(理法)이다 역(易)이다 또는 의지라 하였다. 하지만 그 이름은 각각 다르나 우주의 본체를 표현한 것만은 틀림없는 사실이다.

그러나 전자의 제학설을 개관하면 모두 그 본체를 이상적인 표현방법으로 일렀을 뿐이다. 나아가 그로서 진리에 모순되지 않고 인사에 어긋남이 없이 법도를 마련하지 못하였으니, 우리 인생에 무형한 사한(死漢:죽은 약방문)의 진리이다. 설사 인생에 타당하다 할지라도 지극히 불충분하고 따라서 모순된 사실이 있다.

우리는 우주의 본체를 일원상이라 했다. 일원상은 글자 그대로 원만하여 모자라고 남음을 찾아 볼 수 없으며, 진리의 총섭이 된다. 더 나아가 이를 써서 인사의 법도를 제정하였다. 진리의 본원인 일원상을 신앙의 대상으로 삼아 종교의 목적을 달성하게 하였으며 일원상 그대로 수행의 표본을 삼아 도덕의 구경처를 삼았다.

일원상의 진리는 일원상과 같이 원만하게 오득하고, 원만하게 수행하여 일원의 체성에 합하고, 나아가 일원의 위력을 임의용지(任意用之)하자는 것이다. 일원상은 원만 구족한 진리의 본원을 완전무결하게 표현함과 동시에 나아가 그 진리를 활기 있게 우리 생활에 부합시켜 일체 사(事), 일체 행(行)의 원천이 되게 했다. 그러므로 일원상의 진리는 활한(活漢:살아있는 약방문)이니, 이것이 일원상의 특징 중 하나이다."

25. 서원과 욕심

정산종사 말씀하시기를 "서원과 욕심이 그 출발점에 있어서는 비슷하나 결과에 있어서는 천양지차이다. 서원이라는 것은 나를 떠나서 바라는 마음이요, 욕심은 나를 중심으로 바라는 마음이다. 서원의 끝에는 선과(善果)가 쌓이고 욕심의 끝에는 악과(惡果)가 쌓인다. 나를 떠나 대중을 위하고 사회를 위하는 것은 불보살의 발원이요, 나를 중심으로 사사욕심을 채우려는 것은 범부중생의 감정이요 욕심이다.

남을 해롭게 해서라도 나를 위하면 저 사람이 해를 입는 동시에 저 사람도 나에게도 해롭게 할 것이다. 남을 위한다는 것은 저 사람이 좋아하는 동시에 저 사람도 나에게 선하게 대할 것이다. 이것이 천지자연의 공리(公理)요, 상생상극의 음양이치이다. 그러므로 나를 놓고 대중을 위하는 서원이 인생 최고의 귀(貴)이다.

전무출신을 한 사람들은 욕심이 아니며 서원이요, 남을 위하여 생사를 바친 불보살의 대원(大願)이니, 다시 논할 필요도 없이 일체의 욕심을 여읜 지순(至順)하고 지극(至極)한 서원의 발현이다.

여러분은 이와 같이 지성(至誠)의 서원을 발하였으니, 앞으로 공부를 하여 나갈 때에 오직 이 서원에 입각하여 그 원을 달성하기까지 한길로 매진할 것이요, 욕심에 끌려 근본 서원을 망각하지 말라. 각자는 공부의 근본이념을 알아, 나를 중심으로 하는 사욕을 버리고 대중을 위하라. 내가 만일 특별한 공부를 하여 특별한 사람이 되리라 한 사람은 욕심이니, 오직 무사무욕(無私無慾)의 청정한 공부를 하라.

서원은 무사무욕이라 고인(古人)이 이르기를 '대욕(大欲)은 무욕(無慾)이라' 하였다. 대욕은 무사무욕함으로써 나타나는 것을 이름한다. 서원은 도심(道心)이며 정심(正心)이므로 정행(正行)이 나타난다. 욕심(慾心)은 인심(人心)이며 사심(私心)이므로 삿된 행이 나타난다.

여러분은 처음 일보(一步)를 나아갈 때에 극히 명심하라. 만물의 근본인 정(正)과 부정(不正)을 깨쳐 알아서 나 중심의 욕심을 버리고 대중을 중심으로 씩씩하게 나가라."

26. 사리본말의 이치

정산종사 말씀하시기를 "일(事)과 이치(理致)에는 본말(本末)이 있으며 본과 말은 사리(事理)가 연결이 된 동일체(同一體) 즉, 본시말(本是末)이요 말시본(末是本)으로 사즉이(事則理)요 이즉사(理則事)하여 본이 되고 말이 됨이 정연(整然)하다.

종교가에서 일체를 도덕적으로 말하는 것을 허망한 것이라 하기도 하지마는 그 근본에 있어 반드시 이치에 부합되지 않은 것이 없다. 성현들이 도덕을 마련하실 때에 이치의 대소유무로서 인간의 시비이해를 정연하게 설하신 것이다. 즉 나를 위하고 다른 사람을 위하라고 하셨나니 이것이 한갓 도덕적 실천을 하기 위한 거짓의 방편이 아니요 원리원칙에 합치된 진리이다.

천지에는 음양이 있어 오행이 순환하여 상생상극으로서 무궁(無窮)변화 하는 법칙 아래 금목수화토(金木水火土)가 상생은 상생 그대로, 상극은 상극 그대로 나타난다. 이 천리에 의하여 인간의 일도 내가 상생으로 대하면 저도 나에게 상생으로 대해 주고 내가 상극으로 대하면 저도 나에게 상극으로 대해 주는 것이 천리(天理)와 인사(人事)가 어긋남이 없다. 성현들이 모든 도덕을 마련할 때에 상생의 법으로써 제법(制法)한 것이다. 여러분은 인간의 모든 시비이해가 범연히 되지 않음을 깨치는 동시에 모든 것이 불변의 천리(天理)에 호리불차(毫釐不差)임을 알아 인사(人事)를 지어 가라."

27. 심(心)

정산종사 말씀하시기를 "향가(鄕歌)에 '일심정력 들이대어 쉬지 말고 일을 하세' 라 하였다. 일심의 위력이 지극히 크다. 일심만 되면 만사가 성공이요, 그 위력의 신비함은 불가측량(不可測量)이니 고래(古來)로 충신과 열사의 기적(奇跡)을 탐지할 때 기이(奇異)하다 할 것이다.

예를 들면 우리 구인 선배들의 혈인(血印)이 그 대표적인 증명이다. 구인 선배는 오직 일심뿐으로 일체의 고락이 돈절(頓絕)하였고 생사를 초개시(草芥視)하였다. 구인은 생명을 희생함으로서 일체 생령을 구제할 수 있다면 사무여한(死無餘恨)이라 하였으니 거기에는 일호의 사량계교가 끊어진 일심 지극처(至極處)이다. 그러므로 혈인의 기적이 나타나 대도회상의 초창에 기초를 닦아 놓으신 것이다. 이것을 비추어 볼 때에 여러분의 책임이 지극히 무겁고 일거수일투족(一擧手一投足)이 지극히 어려운 것이다.

공부와 사업간에 일심으로서 받들어 행하면 목적한 바를 이룰 것이다. 공부할 때에 일심이 되면 일체의 경계와 사심망령이 감히 엿보지 못할 것이며 도리어 낙도하여 구도의 법열이 나날이 증장한다. 사업을 할 때에도 일심만 된다면 모든 고욕(苦辱)과 모든 시비질책이 선언감미(善言甘味)로 화할 것이요, 틈이 없을 것이니, 무난히 소원을 성취할 수 있다.

여러분이 수도일념과 사업일념에 환희심과 법열을 느끼어 모든 괴로움을 낙으로 삼으면 그것이 곧 일심의 지경이요, 그 위력이 천지로 더불어 합할 것이다."

28. 자모(自侮)치 말라

정산종사 말씀하시기를 "맹자께서 말하기를 '부신자모이(夫身自侮而) 연후(然後)에 인이모지(人以侮之)하고 부국자벌이(夫國自伐而) 연후(然後)에 국이벌지(國以伐之)라' 대범 스스로 몸을 업신여긴 후에 다른 사람이 업신여기고 나라를 스스로 버린 연후에 다른 나라가 와서 친다.

이는 자기가 자기를 모욕하는 것이요, 자기가 자기의 국가를 벌하는 것이지 다른 사람이 들어서 그러함은 아니라는 말이다. 그러므로 자기의 인격을 스스로 경멸하지 말라. 내가 내 인격을 귀하고 존중하게 여김으로서 그 인격이 향상되고 진보하며, 다른 사람이 경멸치 못하는 것이다.

세상에서 인격의 고하를 말하나 그는 다못 외형적인 것에 불과하다. 인격에는 두 가지가 있다. 하나는 외적인격이요, 둘은 내적인격이다.

외적 인격은 외형에 나타난 인물과 학벌이며 지식을 말함이니, 이는 사회적 인격이다. 내적 인격은 외적으로 나타나지 않는 무형한 것이다. 설사 그 인물이라든지 학식이나 학벌은 없다 할지라도 안으로 양심에 부끄러움이 없는 순일무이한 양심만 배양했다면 그 인격은 영원히 불멸하는 자기의 소유이다.

나무에 있어서도 그 지엽 가꾸는 것은 잠간 동안의 외형이요 장차 낙엽이 되어 없어질 것이다. 그 근본 뿌리를 가꾸는 것은 우선은 화려하지 않을지라도 장차 움이 트고 싹이 터서 길이 그 생명이 보전된다.

여러분은 외적 인격은 한때의 허무한 것이니 근본된 양심을 바로 잡아 내적 인격을 양성하라. 모름지기 그 근본을 배양하여 진정한 인격자가 될 것이며, 안으로 자기 인격을 존중하며 밖으로 겸손하여, 세상의 헛된 이름으로 인하여 자모(自侮)치 말라."

29. 단합의 본질

정산종사 남녀 금강단 연합회에서 말씀하시기를 "여러분의 단합은 지극히 반가운 일이다. 그러나 오직 형식의 단합을 말하지 말고 진정한 단합이 되기를 바란다.

단합의 본질은 물이요 허공이다. 물과 허공은 그 자체에 낱이 없어 항상 합하여 분리할 수 없기 때문이다. 여러분이 만일 단합을 하고자 할진대 먼저 마음 가운데 낱을 없애라. 그리하여 개인 개인이 개체를 부수고 오직 하나에 귀속하라.

단합에는 남녀와 노소, 부귀와 빈천, 증애와 원근이 없다. 그러므로 일체를 초월하여 낱을 찾아볼 수 없는 혼연한 동체(同體)가 되어야 한 몸을 구성시킨다. 그 합한 체의 힘은 우주의 원리와 합치되므로 그 위력이 천지로 더불어 동등하다.

여러분은 먼저 단합의 본질을 알아서 진정한 단합을 하여 앞날의 주동력(主動力)이 되라."

30. 현실의 불멸

정산종사 말씀하시기를 "진리는 영원불멸하여 생멸이 없다는 것은 진리적으로 또는 사실적으로 증명할 수 있으나 현실에 나타난 모든 법과 만상은 유한(有限)이요, 변천이 자심(滋甚)하니 영원이라 할 수 없다.

만법의 생명은 각각 그 장단이 있다. 사람이 죽으매 그 자체조차 찾아 볼 수 없이 그 육체가 멸함과 동시에 영원히 죽어 없어진다.

그러나 어떤 사람이 약 화제(藥和劑) 하나를 전하고 죽었다고 하자. 그러면 그 사람의 육체는 비록 없어졌다 하더라도 그 화제는 영원히 멸하지 않는다. 그 생명은 약 화제라 세상에 끼친 공덕 여하에 따라 생명의 수(壽)를 결정하게 된다.

옛날 신농씨의 생명이 농사에 있으며, 에디슨의 생명도 전기에 있다. 이 현실의 법은 영원히 불멸하는 것이다. 삼천년 전 부처님의 생명은 오늘에 있어 온 우주의 창생을 구제하고도 남으며, 대종사님의 생명은 더욱 빛나고 나아가 만 중생으로 하여금 대덕(大德)을 얻게 할 것이다.

진리는 천지미분전(天地未分前)에도 엄연(儼然)하였으므로 그 진리를 마련하여 우리에게 가르쳐 주신 분은 불보살 성현이요, 불보살 성현의 생명은 중생으로 인하여 계승되고 있다.

생명의 선(線)인 정법(正法)에 연원(淵源)을 지어 같은 인생이라도 죽은 후의 생명을 빛내는 사람도 있으나, 혹자는 그 연원을 짓지 못하고 그대로 마치는 중생이 무량수(無量壽)이다. 여러분은 모름지기 생명 계통을 잘 선택하여 영원무궁토록 역사의 진전과 함께 그 생명을 불보살 성현과 같이 지속할 수 있도록 노력하라.

성인(聖人) 미생전(未生前)에는 도재천(道在天)이요, 성인(聖人) 이생후(已生後)에는 도재성인(道在聖人)하고, 성인(聖人) 이사후(已死後)에는 도재경전(道在經典)이라."

31. 설법 3류

정산종사 말씀하시기를 "설법(說法)하는데 3가지 종류가 있다.

첫째는 확실한 신념하에 사심 없이 설하는 자로 열정과 성의로써 그 실상을 설하는 자요,

둘째는 명예를 얻기 위하여 설하는 자로 내용에 있어서는 실다움이 없고 박람박식만을 일삼는 자요,

셋째는 생활의 생계수단으로 설하는 자로 보수를 위하여 부득이 설하는 자이다."

32. 청법 3류

정산종사 말씀하시기를 "청법(聽法)하는데 3가지 종류가 있다.

첫째는 실행적 청법으로 한 가지 법을 들으면 그대로 나의 실천에 옮겨 연구하는 자요,

둘째는 문학적 청법으로 나의 지식을 넓히고 그것을 이용하여 명예를 얻으려는 자요,

셋째는 맹목적 청법으로 아무 주견 없이 왔다갔다 하는 자이다."

33. 천작과 인작

정산종사 말씀하시기를 "작위(爵位)를 바라는 것은 인지상정이다. 그러면 대체 작위는 무엇 때문에 구하느냐? 작(爵)을 얻음으로써 영화를 누릴 수 있기 때문이다.

작에는 두 가지가 있다. 인작(人爵)과 천작(天爵)이다.

인작은 벼슬을 가진 관리들이다. 이는 사람이 들어서 주는 것이라 사람이 들어 삭탈관직(削奪官職)할 수 있다. 그러므로 인작은 유한한 것이라 다할 날이 있다.

천작은 하늘이 들어서 진리가 주는 작이기 때문에 안으로 인의예지(仁義禮智)의 사덕(四德)을 갖춘 자나 삼대력을 갖춘 자이다. 안으로 정신의 수양력을 얻고 사리를 연구하여 연구력을 얻고 작업을 취사하여 취사력을 얻는다면 이는 진리와 더불어 합한 것으로 능히 진리를 임의용지(任意用之)할 수 있다. 이것이 이른바 천작이다. 천작은 주는 자가 없이 자기 스스로가 증득하는 것이라 영원 무한한

것이다.

옛날 불보살 성현 군자는 이 삼대력을 얻는 것으로 영화를 삼고, 낙도하였으므로 곧 천작을 누린 사람들이다. 외적으로 널리 그 덕화가 미쳐 모든 이가 덕을 찬탄하고 칭송하므로 천작이라 한다. 그러므로 천작만 닦으면 인작은 저절로 오는 것이다. 먼저 천작을 닦아 안으로 삼대력을 갖추면, 영원무궁토록 법륜(法輪)이 상전(相戰)하여 인작과 천작을 함께 누릴 수 있다.

여러분은 안으로 오직 삼대력을 얻음으로서 천작을 삼고, 밖으로 일원대도를 융창케 함을 천작으로 알아서 전진하여 나아가라."

34. 서로서로 협조하라

정산종사 말씀하시기를 "세상의 진리가 현재의 약함이 도리어 강함이 될 수 있고 강한 것이 도리어 약을 이룰 수 있다. 개인의 힘은 제 아무리 강하나 대적(大敵)을 방어할 수 없고 개체에 있어서는 약하나 합하면 능히 대적을 능가한다.

조선 민족의 개인적 우월성은 세계에 드러난다. 그러나 전체적으로 협조하는 공동의 힘은 약하다. 이것은 역사적으로 오랫동안 피지배 민족이 되었던 것이 원인이 된 줄은 모르나, 이 근성만은 특이하게 가지고 있다. 이 근성은 각자 각자가 영웅적 우월감이 강하다. 일의 본말을 생각지 않고 각자의 주견에 고집하여 남의 의견은 들을 것도 없이 반대하는 것은 개인으로부터 국가에 이르기까지 일대 병폐이다. 그 앞에는 가는 곳마다 파괴요 건설은 할 수 없다. 지금의 현 정세를 추측하여 보면 잘 알 수 있다. 국권도 없는 나라에 정당만이 부지기수다. 어찌 독립된 한 국가로서 국권회복을 할 수 있으랴.

내 개인의 힘은 약하되 공(公)에 협조하면 일시적 개인의 힘은 약하다 할지라도 공의 큰 힘을 낼 수 있다. 반대로 비록 공의 힘을 빌려서 내 힘의 강함을 드러냈다 할지라도 협조의 큰 힘은 당할 수 없다. 오직 영웅적 자기긍정을 버리고 의리에 입각하고 공을 위해서 주의(主義) 주견(主見)을 말할 것이요, 모든 주의 주장을 종합하여 협조의 힘으로서 상호건설에 노력하라.

우리 교중에 청년들은 영웅적 자기 고집으로서 파괴치 말고, 더욱 공을 위하고 의리에 입각하여 서로서로 협조하고 건설하는 청년이 되라."

35. 지도자와 피지도자

정산종사 말씀하시기를 "지도자와 피지도자가 같이 어렵다. 지도자는 피지도자를 지도할 만한 지식이 구비하여야 하며, 피지도자는 지도를 받고자 할진대, 지도에 절대 복종해야 한다. 지도자는 먼저 지도할 만한 지식을 갖추어 피지도자에게 신봉을 받을 만하여야 할 것이며, 피지도자는 지도자를 정하여 지도의 서원을 바쳤거든 절대로 신봉하고 그 명령에는 절대 복종하여 지도자의 통솔함에 이의가 없어야 한다.

지도자와 피지도자와의 사이에 있어서 발령 나기 이전에는 자유의사를 기탄없이 말할 수 있으나, 발령 이후에는 일체를 포기하고 지도에 따르고 순종하는 통제가 정연(整然)함으로써 각각 그 입장을 완수하라."

36. 가치 있는 생사

정산종사 말씀하시기를 "평소에 도덕 공부를 잘 하며 어느 방면으로든지 공중에 유익을 주는 생활을 하고 덕화(德化)가 있어 대하는 사람마다 화기(和氣) 있어 환영받고, 죽을 때에는 굳은 신념아래 마음을 고요히 모아 애착 탐착에 끌리지 아니하고 열반에 드는 사람을 가치 있는 생사(生死)라 한다."

37. 대소승에 대하여

정산종사 말씀하시기를 "대승(大乘)과 소승(小乘)의 해석 역사나 교리적인 것을 떠나 보편적인 해석 세 가지가 있다.

첫째는 원(願)에 대소승이 있다.

개인을 본위로 한 소승(小乘)의 원과 일체대중을 본위로 하는 대승(大乘)의 원이 있다. 그 공덕이 일거수일투족(一擧手一投足)에 미침을 근본 사상으로 대원(大願)을 발할 것이다.

둘째는 행(行)에 대소승이 있다.

개인의 이익을 위하는 소승의 행이 있고, 일체대중을 위하는 대승의 행이 있다. 한마디 말과 한 때의 동작이라도 화(和)로써 할 것이다.

셋째는 법(法)에 대소승이 있다.

개인을 이롭게 하는 소승의 법이 있고, 그 법으로 말미암아 일체대중에게 복음이 되는 대승의 법이 있다. 단독으로 하는 것이 아니라 오직 정법의 연원한 회상에 입참하여 순일무사(純一無私)한 마음으로 성심성의로 법을 두호할 것이다.

이상 세 가지를 함께 갖추어야 비로소 대승이라 한다."

38. 불공법

정산종사 말씀하시기를 "불공을 하려면 먼저 부처를 알아야 한다. 원불교에서는 일체 만물이 법신불의 응화신(應化身)으로 믿기 때문에 일체 만물이 부처 아님이 없다.

일체가 다 부처인지라 모든 일과 처소를 당하여 불공을 하여야 하지마는 그 가운데 선후를 가려보면 다음과 같다.

먼저 자아불(自我佛)에게 불공을 잘하여야 한다. 아(我)로 말하면 본래 원만구족해서 범성(凡聖)이 동일한 자리이다. 늘 그 자리를 바라보고 지키는데 공들이며, 알기를 공들이며, 잘 쓰고 행하기를 공들이면서 나한테 먼저 불공을 잘하여야 한다.

다음은 나하고 제일 측근자에게 불공을 잘 하여야 한다. 만일 모든 측근자를 경솔히 알아 불공을 하지 않는다면 생명까지 빼앗길 죄를 받을 수 있다. 어떠한 일에든지 정성스러운 마음과 공경심으로 위해주고 불공을 해야 한다.

마지막으로 사은 전체에 대해서 불공을 잘 들여야 한다. 만일 사은에 불공을 잘못하면 막대한 죄벌을 받아 일신(一身)을 보존하지 못한다.

여러분은 이 불공법을 잘 알아서 매매사사(每每事事)에 불공을 잘하여 죄는 짓지도 말고 받지도 말고, 복만 짓고 복만 받기를 바란다."

39. 시방세계가 오가의 소유

정산종사 말씀하시기를 "부처님께서 시방세계가 오가(吾家)의 소유라고 하셨다. 과연 어떻게 해서 오가의 소유가 되는가?

우리 중생은 한 개인이나 한 가정에만 국집하여 밖을 모르고 한 개인의 것만이 자기의 것이며 한 가정의 것만을 자기의 것으로 알고 있다.

진심으로 국가를 위하여 희생적 활동을 한 조선의 이준 선생과 안중근 선생은 국가를 자기의 소유로 삼았다. 그러므로 전 국민이 자기의 선조같이 숭배하는 것이다.

부처님은 시방세계를 자기의 소유로 삼아서 일체중생을 친 자식같이 아끼시고 사랑하신다. 대자대비의 마음으로 일체 만물까지라도 다 아끼시고, 시방세계를 오가의 소유로 삼으시고 일체중생에게 한없는 은혜를 입혔으므로 대중이 신앙하고 숭배한다.

자기가 중심이 되어서 전 세계를 오가의 소유로 삼는 부처님과 마찬가지로 우리 원불교도 원불교가 중심이 되어서 세계를 불은화(佛恩化) 하기로 추진하여 일체중생으로 하여금 행복한 낙원생활을 건설토록 하자. 시방세계를 오가의 소유로 만들어 갈 때, 무엇인가 중심토대가 되어 성립시키는 것이므로 단체는 있어야 한다. 비유하자면 복숭아가 씨를 중심하여 살이 붙어 복숭아가 성립되는 것과 같다."

40. 언중 3계

정산종사 언중 3계(言中三戒)에 대하여 말씀하시기를 "첫째는 단언(斷言)이요, 둘째는 편언(偏言)이며, 셋째는 박언(薄言)이다."

41. 마음의 귀 어두운 사람

정산종사 말씀하시기를 "마음의 귀가 어두운 사람은 동무나 어른들의 충고를 듣지 아니하고 성을 낸다. 등하불명(燈下不明)으로 누구나 자기가 자기의 허물은 모른다. 동무나 지도인이 진실로 나의 허물을 알아서 충고하여 줄 때 합장하고 감사를 올리라."

42. 공부하는데 어려운 것

정산종사 말씀하시기를 "공부해 나가는데 하고 싶은 것을 참는 것과 하기 싫은 것을 하는 것이 잘되면 불지경이 멀지 않으나, 그렇지 아니하면 불지경은 멀다."

43. 압인기

정산종사 말씀하시기를 "중국에 항우(項羽)란 사람이 기(氣)로 누르면 무서웠다고 한다. 그러나 이 압인기(壓人氣)는 기운에만 있는 것이 아니다. 아무 기운도 없고 능력도 없이 기운을 누르는 방법이 있다.

수년 전에 영산지부에서 어떤 경관 한 사람이 지부에 무슨 일이 있어 오는 길에 그 옆 동네에서 술을 좀 먹고는 하는 말이 '내가 술을 먹고 어찌 그 청정한 도량을 갈 수 있느냐' 하며 스스로 물러갔다가 그 이튿날에 다녀갔다는 말을 들었다. 이것은 지부에 어떤 무서운 힘이나 기운이 있는 사람이 있어서 그런 것이 아니요, 도량에 사는 사람의 계행이 청정하고 공명정직하며 진실무위하기 때문이다. 이는 기운으로 누르는 것이 아니고 도덕의 압인력(壓人力)이다.

우리는 종교가이니 항시 계율을 지키고 공명정대하며 진실무위하고 대자대비하여 사람을 대할 때에 인화(人和)해야 한다. 도덕의 압인력에는 기운 센 장사의 압인력도 비하지 못한다. 이 세상은 기운으로 항복받지 못할 것이요, 오직 도덕으로 항복 받을 것이다.

카이젤, 무솔리니, 히틀러, 나폴레옹 등은 기운으로 사람을 눌렀으나, 불교, 예수교, 회교 등은 도덕으로 사람을 눌렀다.

장래에 이 나라에서 상상하지 못할 도덕의 압인력으로 세계를 통일할 것이다. 여러분은 도덕의 압인력을 기르는 사람이 되라."

44. 공동 기념제사의 뜻

정산종사 말씀하시기를 "가족적으로 기념제사를 모시는 의의는 첫째는 근본을 추모하여 서로의 은혜를 느끼자는 것이요,

둘째는 원근 가족이 한데 모여 정의를 돕고 화목하자는 데 있다.

그러나 공동기념제의 뜻은 그보다 더 호대하다.

첫째는 각각의 성(姓)이 공동으로 기념을 모시므로 각각 성이 화목해지며,

둘째는 정법회상에 모인 불제자와 여러 대중이 심고 축원을 하니 이것이 부처님과 인연이 되며,

셋째는 각각의 성(姓)이 서로서로가 인연이 화합하여 세세생생에 서로서로 도움이 될 것이다.

그 의의가 심히 크나니, 오직 정성만 다하여 모신다면 대복(大福)이 날아 들어올 것이다."

45. 출가인이 경계해야 할 일

정산종사 말씀하시기를 "출가인이 경계해야 할 두 가지가 있다.

첫째는 나를 알아주지 않는다고 성내지 말고,

둘째는 나를 대우하여 주지 않는다고 근심하지 말라."

46. 서원과 인연

정산종사 말씀하시기를 "우리가 영겁을 통하여 공부하는 방법은 서원과 인연이다.

서원은 우리의 방향로를 결정해 주고 부처님의 대각을 얻어가는

길이며, 인연은 서원한 것을 수행하는데 있어 지도 편달해 주는 길이다. 이 양자를 언제나 명심불망하라.

서원은 대체로 성불제중의 원을 세우고, 부분적으로는 각자의 습성 개조 하는 데 조목을 세워서 해를 더하고 생을 더할 때 그 서원이 견고하도록 한다면 반드시 대기(大器)를 완성할 날이 도래한다.

인연은 첫째로 스승을 택정(擇定)하여야 한다.

원근고금(遠近古今)을 통하여 그 지덕(智德)이 우등한 이를 정하여 언행을 체득하고 숭배 흠모하라. 그러면 반드시 음적(陰的)으로 그들과 인연이 맺어지는 동시에 제도를 받을 수 있다.

둘째는 벗도 택정(擇定)하여 친근해야 한다.

지덕이 나보다 나은 사람을 숭배하고 그를 흠모하면 일체 사람으로 더불어 은의(恩義)를 맺어 영생을 통하여 음조(陰助)를 입으며 따라서 벗의 착함을 체받을 수 있다.

여러분은 안으로 서원이 견실함을 대조할 것이요, 밖으로 사우(師友)의 인연을 잘 맺어 세세생생에 모든 사람의 도움을 받고, 정진하여 대각을 성취하고 중생을 제도하는 사도가 되라."

47. 최초의 기점

정산종사 말씀하시기를 "측량하는 사람의 말을 들으면 측량할 때 제일 중요한 것이 그 기점 잡는 데 있다고 한다. 우리 사람에 있어서도 그 기점 잡는 일이 가장 중요하다.

세상에서 보통 '나 같은 사람이 좀 그른들 어쩌랴' 하는 것은 본말 선후를 모르는 우치한 말이다. 오직 개인에 있어서는 자기 마음이 기점이요, 사회에 있어서는 자아(自我)가 기점이 되어 인류사회가 건설된다. 그러므로 개인에 있어서는 반드시 심리적으로 도덕적 제재를 받아 마음을 잘 조정함으로써 개인을 완성할 수 있는 것이요, 사회에서는 오직 각자 각자가 기점이 되어 자아의 완성을 이룸으로써 완전한 사회를 이룰 수 있다.

우리도 먼저 자신이 철저한 신앙과 근실한 수행으로서 완성의 자리에 다다를 때, 동지를 많이 확보할 수 있고 본교 발전도 볼 수 있는 것을 스스로 자각하라. 나로부터 원만구족하고 지공무사한 마음을 닦아 기르며, 우리 회상을 발전시킴으로써 세상을 구제할 수 있다.

여러분은 각자 각자가 세상을 구제 교화하는 교주가 될 것이며, 나아가 태양과 같이 지고지명(至高至明)한 광명을 온 세상에 비추어 불국화(佛國化)의 대업을 완수하라."

48. 참 이익

정산종사 말씀하시기를 "생존경쟁이 극심한 오늘날 이해에 극히 날카로워졌으나, 참으로 이익을 아는 자 적다. 이익에는 불보살이 취하는 이익과 범부가 취하는 이익이 다르다.

과거 불보살들은 진리적인 순리로 좇아 얻는 근본적인 이익이다. 성현들은 현재의 적은 이익을 취하지 않고 도리어 해를 입어가면서 사셨다. 그러므로 성현들은 오직 영세무궁(永世無窮)한 진리를 각득(覺得)하셨다.

범부들이 역리(逆理)로서 취하는 것은 지엽적인 이익이다. 이익을 구하기 위해서 노력하다가 아니 될 때에는 도리어 악을 감행하여 이익은커녕 해를 입는다. 여러분은 참 이익의 이치를 알아서 불보살의 진리를 발견하라.

맹자께서 양혜왕이 나라를 이롭게 하는 방법을 물었을 때 '오직 군자(君子)는 인(仁)일 따름이오.' 라고 하였다. 이와 같이 참된 이익은 오직 정의에 입각한 이익이며 대의에 어긋남이 없어야 한다. 이 진리를 취하는 사람의 앞에는 일체 불의의 이익은 자멸한다. 여러분은 모름지기 인(仁)의 덕을 체받아 의(義)로 살아가라."

정산종사 약력

정산종사의 성은 송(宋)씨요 호적명은 도군(道君)이며 법명은 규(奎)이요 휘(諱)는 추(樞)이며 정산(鼎山)은 법호이다.

정산종사는 원기 전 16년인 서기 1900년(庚子) 8월 28일(음 8.4)에 경상남도 성주군 초전면 소성리에서 구산 송벽조(久山 宋碧照) 대희사와 준타원 이운외(準陀圓 李雲外) 대희사의 2남 1녀 중 장자로 탄생하였다.

어려서부터 성품이 총명하고 국량이 호대하며 기상이 화청(和淸)하므로 모든 사람이 다 선동(仙童)으로 일컬었으며 모든 사물을 범연이 간과(看過)하지 아니하고 깊이 생각하기를 좋아하며 모든 생물들을 매양 호생(好生)의 덕으로 대하여 그 자비가 미물에까지 미치며 한번 하기로 한 일은 기어이 실행하는 결단력이 있었다.

8세로부터 가문의 전통에 의하여 조부의 사숙(私塾)에서 한학을 공부하기 시작하여 10세까지 유가(儒家)의 경서(經書)를 대강 통독하였으나 거기에는 그다지 재미를 얻지 못하고 과거 성현들의 사적(事蹟) 등을 즐겨 읽으며 '나도 장차 천하의 큰 공부로 천하 사업을 경영하여 천하의 주인이 되어보리라' 고 스스로 발원하게 되었다.

그리하여 박실마을 집 후원(後園)의 거북바위에서 기도하고 실내에는 고대 성현들과 영웅 달사들의 명패(名牌)를 봉안하고 거기에 치성을 드려도 보았으며 혹은 이인(異人)과 숨은 도인을 찾아 강호(江湖)와 산천(山川)을 두루 다녀도 보았으나 다 뜻을 이루지 못하고 답답한 심정으로 집에 돌아와 심공(心功)을 계속하던 중 종종 이적이 나타나서 인근 사람들을 놀라게 한 일도 간혹 있었다.

그러나 발원은 날이 갈수록 깊어지어 18세 때에는 드디어 당시 신흥종교들의 본거지이던 전라도로 건너와 여러 교회의 인물들을 두루 찾아다니다가 모악산 대원사를 거쳐 정읍 화해리 김해운의 집에서 머물며 적공하던 중 소태산 대종사의 친영(親迎)을 받아 만나신 후 약속대로 원기3년(戊午) 음 7월에 영광 길룡리를 찾아가 대종사에게 귀의하여 약관 19세로 최초 수위단 중앙에 서임(敍任)되었다. 원기4년(己未) 음 7월의 법인기도(法認祈禱)를 8인 동지와 함께 혈인(血印)의 이적으로써 끝마치고, 전통적 유가(儒家)이던 조부(송훈동)와 부모, 부인(여청운) 및 친제(親弟)인 도성 등 전 가족이 영광으로 이사하여 대종사께 귀의한 후 각각 본교 창립에 큰 공훈(功勳)을 세우게 하였다.

다시 이해 음 8월에는 대종사의 명을 받아 부안 변산에 먼저 입산하여 음 10월부터 대종사를 모시고 5년간 교서편찬을 보좌하였으며 원기9년(甲子)에는 대종사를 모시고 하산(下山)하여 익산총부(현 기지)를 건설할 때 모든 동지와 수고를 같이 하였고, 그 후 12년 동안 총부에 계속 주재하며 교재연구와 인재양성에 노력하였다.

또한 원기21년부터 6년간 영산지부에 주재하면서 영산성지 건설사업과 후진육성에 심혈을 기울이고 새 회상 교사(敎史, 불법연구회 창건사)를 초안하였으며 원기27년에는 다시 총부로 돌아와 교전 편찬을 도우고 교정전반에 보필의 책임을 다하던 중 원기28년(癸未) 6월에 대종사께서 열반하매 그 뒤를 계승하여 종법사의 대위(大位)에 취임하였다.

그 후 일제말기의 온갖 압제 아래서 교운(敎運)을 부지(扶持)하기에 온갖 고난을 다 겪었으며 광복 직후의 혼란 중에 전재동포구호사업을 지시하고 건국론(建國論)을 지었으며 교헌(敎憲)을 제정하여 교명(校名)을 원불교(圓佛教)로 선포하고 유일학림(唯一學林)을 설립하여 교단의 중견 인물들을 육성하고 이를 원광중고 · 원광여중고 · 원광대학으로 발전케 하였으며 원광사(圓光社)를 설립하여 기관지(機關誌)를 속간케 하고 보육 · 양로 · 요양의 각종 자선기관을 두루 세우게 하였다.

6 · 25전쟁을 전후한 온갖 어려운 조건 아래에서 대종사의 성업을 봉찬하는 사업으로 대종사 성탑을 건립하고 대종사 성비(聖碑)를 세우며 6 · 25전쟁의 참화 중에 의연히 교운을 유지하고 대중의 갈 길을 명시(明示)하며 예전(禮典)을 개편하고 제1대 창립 동지들의 법계(法階)와 등위(等位)를 전형하여 제1대 총결산을 완결하며 제1대 성업봉찬대회를 소집하고 대중의 추대에 따라 다시 종법사위에 중임되었다.

그러나 그 동안에 거듭된 심신의 과로로 마침내 건강을 유지하지 못하고 자리에 눕자 대중의 초조는 이루 말할 수 없었다. 그 후 약간 회복은 되었으나 충분한 건강을 얻지 못한 가운데 동산선원 · 중앙선원 · 원광여중고 등을 차례로 설립케 하고 경상 · 경기 · 강원 · 충청 · 전라도 등지의 교세를 크게 진흥케 하며 영산 정관평 재방언 공사와 성지 복구사업을 추진하고 정화사(正化社)를 설립하여 정전(正典)의 수정과 대종경(大宗經)의 편수며 세전 · 악전 · 교사 · 법전 등의 편찬 및 번역을 추진하여 장차 본교가 세계에 웅비할 모든 준비를 안으로 갖추도록 격려하던 중 원기44년에는 다시 대중의 추대를 받아 종법사위에 3차 중임되었다. 원기45년 8월에는 환갑을 맞이하여 일체 허례를 폐지하고 전무출신 요양재단인 법은재단(法恩財團)을 설립케 하였다.

그러나 그 후 숙환(宿患)이 점차 가중되어 각방의 치료로도 효과를 보지 못하고 원기46년 12월 25일에는 대종경과 정전의 편수 완결을 촉진하는 특별 유시를 병상에서 내리어 양대 교서의 감수를 수위단에 위임하였다.

새해에 접어들어 병세가 더욱 깊어지어 원기47년(壬寅) 1월 22일에는 각처에서 모인 재가 · 출가의 남녀 대중에게 '모든 종교가 동원도리(同源道理)요 모든 생령이 동기연계(同機連契)요 모든 사업이 동척사업(同拓事業)이라'는 삼동윤리(三同倫理)의 법문을 최후로 거듭 설하고 2일 후인 24일 오전 9시 반 거연히 열반하니, 세수는 63세요 법랍은 45년이며 종법사 재임 20년이었다.

정산종사께서 열반하매 그날로 긴급 개최된 수위단회에서는 정산종사의 법위를 정식 대각여래위로 추존하여 대원정사(大圓正師)

로 봉대하는 동시에 정산종사 교회전체장의위원회를 구성하여 초종행례를 엄수하였다.

한편 장녀 영봉과 차녀 순봉은 전무출신하여 교중에 봉공 중이며 친제 주산(송도성)종사의 자(子) 천은(天恩)이 입사(入嗣)하여 가계(家系)를 잇게 되었다.

정산종사 수필법문을 엮고 나서

서문 성

곤타원 박제권 종사가 수필 한 정산종사 법문을 책으로 엮기 위해 곤타원 종사를 찾아뵙고 수필법문 노트에 대한 많은 말씀을 받들었다.

곤타원 종사의 정산종사 수필법문을 책으로 엮는 데 있어서 원기 89년 원불교대학원대학교 장성각 예비교무의 논문인 『곤타원 박제권 종사 정산종사 수필법문 모음집』을 워드자료로 사용하기 위해 곤타원 종사와 장성각 교무의 이해를 구했다. 장성각 교무의 논문은 당시 정산종사 수필법문을 수필자인 곤타원 종사가 수필 노트를 보며 구술한 것을 장성각 교무가 정리한 것이다.

법문집으로 엮기 위해 워드자료를 수필 법문노트 원문과 대조작업을 통해 재정리를 하였다. 또한 논문과 차이가 있는 법문과 예화, 그리고 부분적 추가는 곤타원 종사의 구술을 정리하여 감수 후 추가한 것이다.

책으로 엮으면서 〈수심결〉 등 몇몇 법문 등은 곤타원 종사의 동의를 얻어 이번 법문집에 넣지 않기로 했다.

책으로 정리하면서 부득이 내용상 약간의 가감 부분과 시대의 상황 등에 따라 단어를 현대어로 바꾸는 작업은 곤타원 종사의 감수를 거쳐 진행했다.

곤타원 종사의 정산종사 수필 법문집에는 교단의 공식 교서인 《정산종사법어》와 기존의 법문집 등에 수록된 법문들과 같은 내용의 법문, 비슷한 내용의 법문, 기존 법문보다 상세하거나 요약정리된 법문 등을 발견할 수 있을 것이다.

이는 같은 장소 같은 시간에 같이 청법한 법문일지라도 녹음기를 이용하여 녹음된 법문을 정리한 것이 아니기에 수필자의 관점과 수필 능력 등의 상황에 따라 차이가 나는 것은 당연한 일이다. 또한 법문 중에 앞의 법문과 뒤의 법문이 같은 내용이나 차이를 보이는 것은 법문할 당시 장소와 상황 등으로 인한 것이다.

법문집을 엮으면서 요약 정리된 법문, 너무 상세한 법문일지라도 가감하지 않고 수필한 그대로 정리하였으며 교단의 공식 교서가 아니므로 설혹 앞뒤가 중복되고 모순된 점이 조금 있다 할지라도 그대로 두는 것이 법문을 이해하는데 도움이 될 것 같아 손대지 않았다.

법문집을 접할 시 법문집의 내용이 곤타원 종사의 개인 수고본이기에 교단의 공식적 기구에 의한 객관적 증명이 되지 않고 주관적 기술이 있음을 염두에 두어야 한다.

법문집의 편차를 같은 내용의 법문끼리 편집할 것인지 아니면 법문 수필의 연대순으로 편집할 것인지를 두고 고민하다 곤타원 종사의 뜻에 따라 법문 수필의 연대순으로 편차를 정하였다.

곤타원 종사의 정산종사 법문 수필 과정은 아래와 같다.

곤타원 종사는 원기23년(1938년) 14살 되던 해, 일타원 박사시화 대봉도의 연원으로 소태산 대종사께 '제권(濟權)' 이라는 법명을 받고 원불교에 귀의하였다. 소태산 대종사를 만난 후 새 세상의 주세불로 받드는 할머니 계타원 정형섭과 어머니 적타원 정봉숙의 후원에 힘입어, 남녀평등의 혁신적인 사상과 새 부처님의 불법으로 낙원세계를 개척해 갈 수 있는 가치 있는 인생비전을 확신하고 이듬해 전주여자고등학교 2년 때인 15세로 전무출신을 서원하였다.

곤타원 종사는 고등학교 4년을 마칠 즈음, 소태산 대종사께 전무출신을 서원하니 말씀하시기를 "집에서 교육시켜 주면 거절하지 말고 전문학교를 졸업하고 와서 전무출신하라"고 권유하였다. 그리하여 숙명여자 전문학교에 입학하여 2년 반 만에 졸업하고, 동교 총장의 소개로 이왕직의 창덕궁 낙선재(樂善齊)에 취직하여 1년을 근무하던 중 1945년 광복을 맞이하였고, 원기30년(1945년) 12월에 총부로 와 전무출신을 하였다.

소태산 대종사 뒤를 이어 제2대 종법사에 오른 정산종사를 총부에서 가까이 모시고, 법문을 수필하기 시작한 것은 원기31년(1946년)부터이다. 유일학림 1기가 시작되던 원기32년부터 《정전(正典)》

보설법문(補說法門), 총부 예회법문, 그리고 야회법문을 받들었다. 곤타원 종사는 정산종사의 법문을 소중히 받들고 의지하며 신성과 공부심을 키워 갔고, 전무출신의 길에 큰 힘을 얻었다.

유일학림 1기 과정을 시작한 곤타원 종사는 전문부 1학년만 수학하고, 여사무실 서기로 근무하면서 나머지 한문 등의 과목을 독학하였다. 이런 연유로 원기32년부터 원기34년까지의 법문 중에서 《정전》 보설법문(補說法門)은 유일학림 학생들처럼 안에서 듣지 못하고 교실 밖에서 받들었다. 이 시절, 정산종사 정전 보설법문 시간만큼은 어떻게 해서라도 짬을 내 청강하였고, 법열에 넘쳐 법문을 수필하였다. 여사무실에서 2년간 근무하고, 약 1년간 총부에서 기거하며 서울지역 순교무로 1년간 근무하게 되어 정산종사의 법문을 계속 받들었다.

원기35(1950)년 4월이 되어, 서울교당 부교무로 발령받고 육타원 이동진화 종사와 용타원 서대인 종사를 모시고 생활하게 되었으나, 2개월 후 한국전쟁이 일어나, 육타원 이동진화와 감원 한 사람과 함께 낮과 밤으로 국군과 인민군이 바뀌어 격전하는 불안한 서울교당을 지키며 전쟁의 고비를 겪었다. 9 · 28 서울수복을 계기로 10월에 다시 총부로 내려와 정산종사를 가깝게 모시고 법문을 받들었다.

원기36(1951)년 3월 이후에는 전쟁이 휴전회담을 지루하게 끌다가 1953년 7월 휴전협정을 맺었다. 이 시기에 곤타원 종사는 익산 근방의 교화지 즉, 군산 · 담양 · 광주 · 창평 등으로 공타원 조전권 종사를 따라 순교무로 활동을 하면서 총부에서 지내며 정산종사의 법문을 받들었다.

원기38년 6월 전문 인재양성기관으로 고등선원이 개원되어 초대 교감으로 고산 이운권 종사가 임명되었고, 곤타원 종사도 이때 함께 발령을 받아 초창기 교단의 교육역사에 심혈을 기울였다. 곤타원 종사는 고등선원 교무로 2년간 근무를 마치고 1년간은 건강을 돌보며 지방에서 요양을 하였다. 요양을 가기 전 원기40년 1월 잠시 총부에 들러 정산종사의 법문을 받들었다. 원기41년 다시 총부 순교감 발령을 받아 근무하고 원기42년 33세 되던 해 전주교당으로 발령을 받아 일선교화에 나선 관계로 정산종사의 법문을 더 이상 받들 수 없었다.

법문집(上) 제7편, 예화법문은 곤타원 종사가 정산종사께서 말씀해 주신 예화만을 수필한 노트를 정리한 내용이다.

법문집(下) 제7편, 제8편 연도미상의 법문들은 곤타원 종사가 연도를 기재하지 못한 법문들과 또한 서울에서 한국전쟁 이후 총부로 내려올 때 미처 챙기지 못한 법문이 너무도 안타까워 주위 동지들에게 얻어서 정리한 법문이다. 연도미상의 법문도 원기31년부터 원기41년을 크게 벗어나지 않는다.

법문집을 상 · 하 권으로 나누었다. 상권은 원기31년부터 원기36년까지의 법문과 예화법문을 묶었으며, 하권은 원기37년부터 원기41년까지의 법문과 연도미상의 법문으로 묶었다.

법문집의 원고는 곤타원 종사가 일일이 감수하는 가운데 정리하였음을 다시 한 번 밝히며 '정산종사 수필법문을 엮고 나서'의 변이 법문집을 이해하는데 조금이나마 도움이 되었으면 한다.

곤타원 박제권

1925년 일본 동경 출생
원기32년 출가
동산선원 · 전주 · 이리교당 교무
이리 · 일본교구장
수위단원 역임
원기73년 대봉도 서훈
원기76년 종사 서훈
현 중앙수도원 정양

정산종사 수필법문 下

인쇄 2008년 6월 20일 / 발행 2008년 6월 23일 / 저자 박제권
펴낸곳 원불교출판사 / 펴낸이 김영식 / 등록번호 제7호(1967. 7.1)
주소 전북 익산시 신용동 344-2 전화/ 063)850-3324, 854-0784

값 10,000원